Procuradoria Europeia – Análise Crítica

Procuradoria Europeia – Análise Crítica

Catarina Vilarinho

ALMEDINA

PROCURADORIA EUROPEIA – ANÁLISE CRÍTICA

AUTORA

Catarina Vilarinho

EDITOR

EDIÇÕES ALMEDINA, S.A.

Avenida Emídio Navarro, 81, 3D

3000-151 Coimbra

Tel.: 239 851 904 · Fax: 239 851 901

www.almedina.net · editora@almedina.net

DESIGN DE CAPA

FBA.

PRÉ-IMPRESSÃO

EDIÇÕES ALMEDINA, S.A.

IMPRESSÃO E ACABAMENTO

ACD Print, S.A.

Agosto, 2023

ISBN

978-989-40-1362-4

DEPÓSITO LEGAL

519333/23

ALMEDINA | GRUPOALMEDINA

AGRADECIMENTOS

Começo por agradecer à Professora Doutora Margarida Santos, orientadora desta dissertação, por toda a disponibilidade demonstrada desde o início, bem como pelo acompanhamento constante durante a elaboração desta reflexão.

À minha família, com especial destaque para os meus pais, por serem o meu exemplo e a minha base de apoio.

Aos meus amigos, com quem pude partilhar esta caminhada.

RESUMO

Esta reflexão, de título "Procuradoria Europeia – Análise Crítica", tem por base a análise crítica da criação e funcionamento da Procuradoria Europeia, enquanto novo órgão da União Europeia para prossecução de interesses no âmbito do direito penal. Assim, explorar-se-á a possibilidade, os fundamentos e as vantagens de alargar o âmbito material da competência da Procuradoria Europeia, de modo a abranger a "criminalidade grave com dimensão transfronteiriça", especificamente no que diz respeito aos crimes de terrorismo, tráfico humano e de drogas, que ameaçam ferozmente o espaço de liberdade, segurança e justiça.

Palavras chave: Procuradoria Europeia; Competência material; Criminalidade Organizada; Terrorismo; Tráfico Humano; Tráfico de Drogas; Expansão.

ABSTRACT

This study, entitled "European Public Prosecutor´s Office – Critical Analysis", is based on a critical analysis of the creation and functioning of the European Public Prosecutor's Office as a new European Union body for the pursuit of criminal law interests. It will therefore explore the possibility, the grounds and the advantages of extending the material scope of the European Public Prosecutor's Office's competence to cover organized crime, specifically with regard to the crimes of terrorism, human trafficking and drugs, which are a ferocious threat to the area of freedom, security and justice.

Keywords: European Public Prosecutor's Office; Material Competence; Organized Crime; Terrorism; Human Trafficking; Drug Trafficking; Expansion.

"Não existem métodos fáceis para resolver problemas difíceis"

René Descartes

LISTA DE ABREVIATURAS

ALF – Frente de Libertação Animal

Carta dos Direitos Fundamentais – Carta dos Direitos Fundamentais da União Europeia, JO – C 202/389, de 7 de junho de 2016

CdE – Conselho da Europa

CELT – Centro Europeu de Luta Contra o Terrorismo

Cf. – Confira

Cit. – Citada

Conselho – Conselho da União Europeia

Convenção de Palermo – Convenção das Nações Unidas contra o Crime Organizado Transnacional, Palermo, 2000

Convenção do Conselho da Europa Contra o Tráfico de Seres Humanos – Convenção do Conselho da Europa Relativa à Luta contra o Tráfico de Seres Humanos, de 16 de maio de 2005, DR, 1.ª série – N.º 19, 14 de janeiro de 2008.

CRIM – Comissão Especial sobre a Criminalidade Organizada, a Corrupção e o Branqueamento de Capitais

Diretiva Antitráfico de 2011 – Diretiva 2011/36 UE do Parlamento Europeu e do Conselho, relativa à prevenção e luta contra o tráfico de seres humanos e à proteção das vítimas, de 5 de abril de 2011, JO – L 101/1, 15 de abril de 2011

Diretiva PIF – Diretiva (UE) 2017/1371 do Parlamento Europeu e do Conselho, de 5 de julho de 2017, relativa à luta contra a fraude lesiva dos interesses financeiros da União através do direito penal, JO – L 198/29, 27 de julho de 2017

Ed. – Edição

ELF – Frente de Libertação da Terra

EMPACT – Plataforma Multidisciplinar Europeia contra as Ameaças Criminosas

EPRS – Serviço de Estudos do Parlamento Europeu

ETA – Euskadi Ta Askatasuna

EUA – Estados Unidos da América
Eurojust – Agência da União Europeia para a Cooperação Judiciária Penal
Europol – Agência Europeia de Cooperação Policial
EUROSUR – Sistema europeu de vigilância das fronteiras
Frontex – Agência Europeia da Guarda de Fronteiras e Costeira
GRETA – Grupo de Peritos sobre o Tráfico de Seres Humanos
IRA – Exército Republicano Irlandês
IVA – Imposto sobre o Valor Acrescentado
MP – Ministério Público
N.º – Número
NSP – Novas substâncias psicoativas
OCDE – Organização para a Cooperação e Desenvolvimento Económico
OEDT – Observatório Europeu da Droga e da Toxicodependência
OLAF – Organismo Europeu de Luta Antifraude
ONU – Organização das Nações Unidas
Op. – Obra
PKK – Partido dos Trabalhadores do Curdistão
PE – Procuradoria Europeia
P./PP. – Página/Páginas

Regulamento – Regulamento (UE) 2017/1939 do Conselho, 12 de outubro de 2017, que dá execução a uma cooperação reforçada para a instituição da Procuradoria Europeia, JO – L 283/1, 30 de outubro de 2017

Regulamento 2016 – Regulamento 2016/794 do Parlamento Europeu e do Conselho, de 11 de maio de 2016, que cria a Agência da União Europeia para a Cooperação Policial (Europol) e que substitui e revoga as Decisões 2009/371/JAI, 2009/934/JAI, 2009/935/JAI, 2009/936/JAI e 2009/968/JAI do Conselho, JO – L 1335/53, 24 de maio de 2016

Regulamento 2018 – O Regulamento 2018/1727 do Parlamento e do Conselho, de 14 de novembro de 2018, que cria a Agência da União Europeia para a Cooperação Judiciária Penal (Eurojust), e que substitui e revoga a Decisão 2002/187/JAI do Conselho, JO – L295/138, 21 de novembro de 2018

Regulamento 2020 – Regulamento (UE, Euratom) 2020/2223 do Parlamento Europeu e do Conselho, de 23 de dezembro de 2020, que altera o Regulamento (UE, Euratom) n.º 883/2013 no que respeita à cooperação com a Procuradoria Europeia e à eficácia dos inquéritos do Organismo Europeu de Luta Antifraude, JO – L 437/49, 28 de dezembro de 2020

Regulamento OLAF – Regulamento n.º 883/2013 do Parlamento Europeu e do Conselho, de 11 de setembro de 2013, relativo aos inquéritos efetuados pelo Organismo Europeu de Luta Antifraude (OLAF), JO, L – 248/1, 18 de setembro de 2013

SECA – Sistema Europeu Comum de Asilo

SOCTA – Relatório de Avaliação da Ameaça do Crime Grave e Organizado da UE

TE – SAT – EU Terrorism Situation & Trend Report

TFUE – Tratado sobre o Funcionamento da União Europeia

THC –Tetrahidrocanabinol

TUE – Tratado da União Europeia/Tratado de Lisboa

UE – União Europeia

União – União Europeia

UNODC – United Nations Office on Drugs and Crime

Vd. – *Vide*

VIH – Vírus da imunodeficiência humana

Vol. – Volume

Introdução

A entrada em funcionamento de um novo órgão europeu como a Procuradoria Europeia é um sinal de que os Estados-Membros da União Europeia começam a alinhar-se cada vez mais no sentido de criar uma União mais forte e resiliente, talvez, neste caso, devido à necessidade de combater a criminalidade transnacional, não encontrando uma solução suficientemente eficaz sem uma forte e estruturada intervenção a nível europeu[1].

Deste modo, está preparado o campo de batalha para um combate com igualdade de armas, na medida em que o crime transfronteiriço pode, agora, ser enfrentado por uma autoridade igualmente transfronteiriça[2].

No entanto, apesar das inúmeras vantagens que o funcionamento de um Ministério Público Europeu traria a nível da segurança dos cidadãos dos Estados-Membros[3], a sua competência material ficou limitada às infrações penais lesivas dos interesses financeiros da União[4], devido a um conjunto de motivos difusos.

Ao longo desta reflexão analisar-se-á a eventual necessidade e possibilidade de alargar o âmbito material de competência da Procurado-

[1] Nato, Alessandro, "The European Public Prosecutor's Office between counter-terrorism and strengthening of the European citizens' safety", *in Civitas Europa*, n.º 37, ed. IRENEE, 2016, p. 325. Disponível: https://www.cairn.info/revue-civitas-europa-2016-2-page-317.htm (última consulta a 15/07/2021).

[2] Ibidem, p. 324.

[3] Ibidem.

[4] Cf. artigo 22.º do Regulamento (UE) 2017/1939 do Conselho, 12 de outubro de 2017, que dá execução a uma cooperação reforçada para a instituição da Procuradoria Europeia, JO – L 283/1, 30 de outubro de 2017.

ria Europeia ao terrorismo, ao tráfico de seres humanos e ao tráfico de droga, indagando se estes crimes, poderiam (e deveriam) encontrar-se ao abrigo da competência da Procuradoria Europeia, questionando se esta não estará melhor preparada para dar uma resposta mais adequada a este tipo de criminalidade grave e transnacional. Os referidos crimes foram selecionados dentro do amplo leque de infrações pertencentes à "criminalidade grave com dimensão transfronteiriça"[5] tendo em conta, não só a sua vertente económica, mas também a sua vertente profundamente social, sendo os restantes deixados de lado nesta reflexão, apesar de não se lhes retirar a devida importância.

Nesse sentido, a presente dissertação foi dividida em três capítulos, além da introdução e da conclusão. No primeiro capítulo, aborda-se a criação, o funcionamento e a competência material da procuradoria europeia, caracterizando-a desde o seu projeto inicial até à sua entrada em funcionamento. O segundo capítulo incidirá sobre a "criminalidade grave com dimensão transfronteiriça", analisando detalhadamente os crimes supramencionados, o impacto destes na sociedade e que medidas têm sido tomadas para os combater. Por último, o terceiro capítulo focar-se-á na eventual pouca eficácia das medidas anteriormente expostas no combate ao terrorismo, ao tráfico de drogas e ao tráfico humano, indagando se uma possível solução não poderia passar pelo alargamento da competência material da PE a estas formas de criminalidade.

[5] Expressão retirada do texto do artigo 86.º, n.º 4 do TFUE. Não descurando a dificuldade de definir o conceito de criminalidade organizada, este termo será utilizado indistintamente ao longo desta reflexão, a par do referido conceito fornecido pelo TFUE.

Capítulo I
A Procuradoria Europeia

1.1. Do Projeto à sua Concretização

A necessidade de proteção dos interesses financeiros dos Estados-Membros da União Europeia foi, em grande medida, o elemento propulsor da criação de um sistema de prossecução penal a nível europeu, capaz de colmatar a incapacidade de resposta dos Estados-Membros face a crimes lesivos dos interesses da União[6]. Importa salientar que não é recente a discussão para implementação de tal mecanismo, sendo que em 1997 um grupo de peritos, sob a direção de Mireille Delmas-Marty, apresentou, a pedido da Comissão e do Parlamento Europeu, o primeiro projeto de *Corpus Iuris* referente às disposições penais sobre a proteção dos interesses financeiros da Comunidade. Tal projeto foi alterado ao longo dos anos, tendo sido criada uma nova versão no ano 2000[7]. O *Corpus Iuris* estabelecia uma alargada harmonização de normas europeias de direito penal, criminalizando atos suscetíveis de lesar os interesses financeiros da União[8], e de regras de procedimento para a criação de um Ministério Público Europeu, que seria responsável pela investigação dos crimes

[6] Cf. Santos, Margarida. "A implementação da Procuradoria Europeia – a emergência de um modelo de intervenção penal entre a cooperação e a integração penal?" *in Revista Brasileira de Direito Processual Penal*, vol. 5, n. 2, Porto Alegre, maio-agosto 2019, p. 1015. Disponível: https://doi.org/10.22197/rbdpp.v5i2.240 (última consulta a 18-04-2021).

[7] Cf. Santos, Margarida. "Procuradoria Europeia" *in Enciclopédia da União Europeia*, Coordenação Ana Paula Brandão, Francisco Ferreira Coutinho et al., ed. Petrony, Braga, 2017, p.355.

[8] *Corpus Iuris*, Florença, 2000, artigos 1.º a 8.º. Disponível: https://ec.europa.eu/anti-fraud/sites/default/files/docs/body/corpus_juris_en.pdf (última consulta a 18-04-2021).

definidos no *Corpus Juris*[9]. Contudo, a proposta mostrou-se precoce e de certo modo vanguardista, pois os Estados-Membros não possuíam abertura suficiente, de um ponto de vista político, para encarar possíveis alterações aos seus sistemas penais, que poderiam advir do estudo comparativo necessário para a criação de um Ministério Público Europeu[10], que se revelava ameaçadoramente revolucionário, implicando uma alteração significativa do poder judiciário tradicionalmente estabelecido dos Estados-Membros, pondo, eventualmente, em causa a soberania destes[11]. Ainda em 2000, a Comissão apresentou uma proposta relativa à criação de um Procurador Europeu, cujo âmbito de atuação recairia na proteção dos interesses financeiros da União Europeia. O conteúdo da referida proposta desenrolar-se-ia através da revisão do Tratado CE, possibilitando, desse modo, a criação de um Procurador Europeu, que atuaria segundo regras processuais específicas previstas na proposta em questão, conferindo-lhe independência relativamente aos Estados-Membros, numa tentativa de superar a fragmentação do espaço penal europeu[12]. A referida proposta, apresentada na Conferência Intergovernamental de Nice sobre as reformas institucionais, não foi aí adotada, sendo o elevado grau de desconhecimento das consequências práticas da criação de tão relevante figura um dos motivos que levaram à desconfiança na proposta[13].

Em 2001 é apresentado pela Comissão o Livro Verde sobre a proteção penal dos interesses financeiros comunitários e a criação de um Procura-

[9] *Corpus Iuris*, Florença, 2000, artigo 18.º e ss.

[10] Vd. Santos, Margarida, Para um (novo) modelo de intervenção penal na União Europeia: uma reflexão a partir do princípio da legalidade como limite material de atuação da Procuradoria Europeia, ed. Rei dos Livros, 2016, p. 226.

[11] Jelisavac Trošić, Sanja e Kostić, Jelena, "Establishing the European Public Prosecutor´s Office and Suppression of Criminal Offenses Against the EU Financial Interests" *in EU and Comparative Law Issues and Challenges Series*, 2019, p. 691 e 692. Disponível: https://doi.org/10.25234/eclic/9026 (última consulta a 20-04-2021)

[12] Cf. Communication from the Commission, 29 September 2000, The criminal protection of the Community's financial interests: a European Prosecutor [COM(2000)] 608 final. Disponível: https://eur-lex.europa.eu/LexUriServ/LexUriServ.do?uri=COM:2000:0608:FIN:EN:PDF (última consulta a 18-04-2021).

[13] Vd. Santos, Margarida, ibidem.

dor Europeu[14], cuja génese se baseava no princípio do reconhecimento mútuo e tinha como objetivo a nomeação de um Procurador Europeu que aplicaria o direito processual penal nacional dos Estados-Membros aquando da investigação, acusação e julgamento de crimes contra os interesses financeiros da União[15]. Foi, consequentemente, dado início a um processo de consulta pública e a uma audição pública, a 16 e 17 de setembro de 2002, culminando com um Relatório de Acompanhamento apresentado pela Comissão a 19 de março de 2003[16]. Tendo sido alvo de duras críticas, foram reconhecidos diversos pontos fracos pelo que, nas palavras de Vanessa Fransen, "*the EPPO 'dream' was shelved for a few years*"[17].

Apesar de ideia de criação de um Ministério Público Europeu encontrar resistência por parte dos Estados-Membros, a importância de reagir contra criminalidade financeira era inegável, daí ter sido criado, em 1999, por Decisão da Comissão, um Organismo Europeu de Luta Antifraude – OLAF[18]. A rejeição de propostas como o *Corpus Iuris* ou o Livro Verde quando a necessidade de proteger os interesses financeiro da União já havia sido constatada e expressa através da criação do OLAF pode ser

[14] Livro Verde sobre a proteção penal dos interesses financeiros comunitários e a criação de um Procurador Europeu [COM(2001)] 715 final. Disponível: https://eur-lex.europa.eu/legal-content/PT/TXT/HTML/?uri=CELEX:52003DC0317&from=EN (última consulta a 18-04-2021).

[15] Vd. Fransen, Vanessa, "Proposed regulation on the european public prosecutor – thinking federal?", 8 de Agosto de 2013. Disponível em http://europeanlawblog.eu/?p=1887 (última consulta a 18-04-2021).

[16] Follow-up Report on the Green Paper on the criminal-law protection of the financial interests of the Community and the establishment of a European Prosecutor, [COM(2003)], 19 March 2003. Disponível: https://ec.europa.eu/anti-fraud/sites/default/files/docs/body/follow_up_en.pdf (última consulta a 18-04-2021)

[17] Fransen, Vanessa, op. cit.

[18] Para mais informação consultar, entre outros, José de Sousa, Alfredo, "A Criminalidade Transnacional na União Europeia – Um Ministério Público Europeu?", Coimbra, junho de 2005, ed. Almedina, pp. 39-75; Gomes da Rocha, Leonino e Andrade Fernandes, Fernando, "Rede de combate à corrupção na União Europeia: Um estudo do Organismo Europeu de Luta Antifraude (OLAF)" *in Revista da CGU / Controladoria-Geral da União*, Vol. 12, N.º 21, Brasília, 2020. Disponível: https//repositorio.cgu.gov.br/bitstream/1/64819/3/V12.N21_Construindo_Ciencias_Editorial.pdf (última consulta a 20-04-2021); e a seguinte página: https://ec.europa.eu/anti-fraud/home_pt (última consulta a 19-04-2021).

encarada como uma incongruência, no entanto, tal fenómeno pode ser facilmente explicado se atentarmos ao funcionamento deste último.

O OLAF é um organismo da União Europeia cuja função é inquirir sobre a utilização fraudulenta de fundos da União, a fim de pôr termo à prática descrita[19]. No desempenho da sua missão, o OLAF pode inquirir sobre questões relacionadas com a fraude, a corrupção e outras infrações que afetem os interesses financeiros da União no que se refere a todas as despesas da União Europeia, a alguns domínios de receitas da União Europeia e a suspeitas de irregularidades graves cometidas pelo pessoal ou membros das instituições europeias[20]. Contudo, a competência do OLAF é limitada aos referidos inquéritos, ficando inteiramente dependente da vontade dos Estados-Membros no que toca a investigar, proferir acusação e realizar o julgamento[21].

Perante a necessidade iminente de um órgão europeu capaz de introduzir a acusação acerca dos crimes registados pelo OLAF nas jurisdições do Estados-Membros, pois os crimes lesivos dos interesses financeiros da União assumiam, cada vez mais, uma vertente interestadual muito além da capacidade de resposta dos responsáveis pela investigação a nível nacional[22], chegou a ser ponderada a criação de um Procurador Euro-

[19] Vd. Regulamento n.º 883/2013 do Parlamento Europeu e do Conselho, de 11 de setembro de 2013, relativo aos inquéritos efetuados pelo Organismo Europeu de Luta Antifraude (OLAF), JO, L – 248/1, 18 de setembro de 2013. O referido regulamento define os poderes e as competências do OLAF, tendo sido alvo de algumas revisões ao longo dos anos. A mais recente revisão encontra-se em vigor desde 17 de janeiro de 2021 e consubstancia-se no Regulamento (UE, Euratom) 2020/2223 do Parlamento Europeu e do Conselho, de 23 de dezembro de 2020, que altera o Regulamento (UE, Euratom) n.º 883/2013 no que respeita à cooperação com a Procuradoria Europeia e à eficácia dos inquéritos do Organismo Europeu de Luta Antifraude, JO – L 437/49, 28 de dezembro de 2020.

[20] Comissão Europeia, Organismo Europeu de Luta Antifraude. Disponível: https://ec.europa.eu/anti-fraud/home_pt (última consulta a 19-04-2021).

[21] L. Wade, Marianne, "A European public prosecutor: potential and pitfalls", *in Crime, Law and Social Change*, ed. Springer, 2013, p.441. Disponível: https://link.springer.com/article/10.1007/s10611-012-9406-x (última consulta a 19-04-2021).

[22] Ligeti, Katalin e Simonato, Michele, "The European Public Prosecutor's Office: Towards a Truly European
Prosecution Service?", *in New Journal of European Criminal Law*, Vol. 4, 2013, ed. Intersentia, p. 9

peu apenas para os inquéritos internos do OLAF[23]. Porém, o Tratado que estabelece uma Constituição para a Europa[24] reabriu a discussão, introduzindo parâmetros mais alargados para a constituição de um Ministério Público Europeu[25].

Nos termos do art.º III – 271.º do projeto do Tratado que estabelece uma Constituição para a Europa[26], surgia a possibilidade de criação de uma Procuradoria Europeia a partir da Agência da União Europeia para a Cooperação Judiciária Penal – Eurojust[27], destinada a combater as infrações lesivas dos interesses financeiros da União e com competência para intentar ações perante ostribunais nacionais, estendendo-se não só a infrações lesivas dos interesses financeiros da União, mas também a outras formas graves de criminalidade.

O projeto em questão revelou-se demasiado ambicioso e, assim, a versão que vigorou, adotada em Bruxelas, na reunião dos Chefes de Estado ou do Governo, de 17 e 18 de junho de 2004, que aprovou o Tratado, reescreveu a possibilidade de a Procuradoria Europeia estender a sua competência à criminalidade grave com dimensão transfronteiriça, transformando-a num eventual projeto futuro. Como descrito no n.º 4 do artigo III – 274.º do Tratado, prevê-se a possibilidade do Conselho Europeu, em simultâneo ou posteriormente, adotar uma decisão europeia que altere as atribuições da Procuradoria Europeia extensivas ao combate à criminalidade grave com dimensão transfronteiriça. Nas palavras

[23] José de Sousa, Alfredo, "A Criminalidade Transnacional na União Europeia – Um Ministério Público Europeu?", Coimbra, junho de 2005, ed. Almedina, p. 68.

[24] Vd. Tratado que estabelece uma Constituição para a Europa aprovado na Reunião de Chefes de Estado ou de Governo, em Bruxelas, em 17 e 18 de junho de 2004, assinado em Roma em 29 de outubro de 2004 e publicado no JO, C-310, de 16-12-2004.

[25] José de Sousa, Alfredo, op. cit. p. 69.

[26] Tratado que estabelece uma Constituição para a Europa, na versão aprovada pela Convenção Europeia em 18 de julho de 2003.

[27] Criada por Decisão do Conselho de 28 de fevereiro de 2002, JO, L – 63, 6 de março de 2002. Para mais informação consultara seguinte página: https://www.eurojust.europa.eu/ (última consulta a 20-04-2021).

de Alfredo José de Sousa[28], a solução aqui prevista é "*muito mais cautelosa e sobretudo aleatória*" (itálico nosso).

No entanto, o Tratado que estabelece uma Constituição para a Europa não passou no processo de ratificação em França e na Holanda, originando, assim, uma crise institucional que se prolongou até à aprovação do Tratado de Lisboa, em 13 de dezembro de 2007[29].

Consequentemente, será seguro afirmar que a primeira base jurídica expressa para a instituição de uma PE encontra-se no artigo 86.º do Tratado sobre o Funcionamento da União Europeia[30], que contempla a possibilidade de ser instituída uma PE a fim de combater as infrações lesivas dos interesses financeiros da União, através de deliberação de Conselho, por unanimidade, após aprovação do Parlamento Europeu, cuja estrutura e poderes seriam posteriormente definidos através de um regulamento adotado "de acordo com um processo legislativo especial", à luz do seu n.º 1, permitindo, inclusive, que o projeto seja submetido ao Conselho Europeu por iniciativa de (pelo menos) nove Estados-Membros que pretendam instituir uma cooperação reforçada a nível europeu.

Nos termos do n.º 2 deste artigo, a PE é competente para "(...) investigar, processar judicialmente e levar a julgamento, eventualmente em articulação com a Europol, os autores e cúmplices das infrações lesivas dos interesses financeiros da União determinadas no regulamento a que se refere o n.º 1. A Procuradoria Europeia exerce, perante os órgãos jurisdicionais competentes dos Estados-Membros, a ação pública relativa a tais infrações".

O n.º 3 do art.º 86.º do TFUE dispõe que "[o]s regulamentos a que se refere o n.º 1 definem o estatuto da Procuradoria Europeia, as condições em que esta exerce as suas funções, as regras processuais aplicáveis às suas atividades e as que regem a admissibilidade dos meios de prova, bem

[28] José de Sousa, Alfredo, op. cit. p. 148.

[29] Vd. Santos, Margarida, Para um (novo) modelo de intervenção penal na União Europeia: uma reflexão a partir do princípio da legalidade como limite material de atuação da Procuradoria Europeia, ed. Rei dos Livros, 2016, p. 228.

[30] Santos, Margarida, "A Procuradoria Europeia, a Democracia Económica e a Ação Penal contra as Infrações Lesivas dos Interesses Financeiros da União", *in Democracia Económica e Responsabilidade Social nas Sociedades Tecnológicas*, ed. Escola de Direito da Universidade do Minho, p.189.

como as regras aplicáveis à fiscalização jurisdicional dos atos processuais que a Procuradoria Europeia realizar no exercício das suas funções".

Deste modo, a PE teria competência em todo o processo penal e reger-se-ia por um regulamento próprio[31], independentizando-se, assim, do direito processual dos Estados-Membros.

Posto isto, será seguro afirmar que a competência material de atuação da Procuradoria Europeia encontra-se limitada às infrações lesivas dos interesses financeiros da União, o que pressupõe a ineficiência dos mecanismos pertencentes aos Estados-Membros no combate da criminalidade própria do funcionamento da União e da criminalidade transfronteiriça, mais especificamente, dos crimes lesivos dos interesses financeiros da União Europeia, considerando-se ser uma área especialmente negligenciada por parte das autoridades nacionais competentes, devido à falta de priorização dos interesses da União. Nas palavras de Chloé Brière, "(..) the desire to improve the efficiency of the fight against fraud to the EU's financial interests" motivou a criação de uma Procuradoria Europeia[32].

Deste modo, assemelham-se cumpridas[33] as exigências do artigo 5.º do TUE, que consagra o princípio da subsidiariedade, pois os objetivos da ação penal em causa não podem ser, tal como plasmado no n.º 3 do referido artigo, "(...) *suficientemente alcançados pelos Estados-Membros, tanto ao nível central como ao nível regional e local, podendo contudo, devido às dimensões ou aos efeitos da ação considerada, ser mais bem alcançados ao nível da União*", pois, na situação atual em que a ação penal contra as infra-

[31] Neste sentido, vd. "Model Rules For The Procedure of The EPPO", que consiste nos projetos realizados, desde 2010, pela Universidade do Luxemburgo com o apoio financeiro da Comissão Europeia, sob a responsabilidade de Katalin Ligeti, cuja génese consistia num conjunto de regras processuais propostas para a atuação da Procuradoria Europeia. As referidas "*model rules*" correspondem, maioritariamente, às regras contempladas na Proposta de Regulamento do Conselho que institui a Procuradoria Europeia – COM(2013) 534 final.

[32] Brière, Chloé, "Procedural issues under EPPO's legislative framework", *in Os Novos Desafios da Cooperação Judiciária e Policial da União Europeia e da Implementação da Procuradoria Europeia*, Coord. Margarida Santos, Mário Ferreira Monte e Fernando Conde Monteiro, Centro Interdisciplinar em Direitos Humanos da Escola de Direito da Universidade do Minho, 2017, p. 99.

[33] Vd. Santos, Margarida, Para um (novo) modelo de intervenção penal na União Europeia: uma reflexão a partir do princípio da legalidade como limite material de atuação da Procuradoria Europeia, ed. Rei dos Livros, 2016, p. 230.

ções lesivas dos interesses financeiros da União cabe exclusivamente às autoridades dos Estados-Membros da União Europeia, o objetivo de proteção dos interesses em causa não pode ser suficientemente alcançado pelos Estados-Membros, em virtude da fragmentação dos procedimentos penais nacionais no domínio das infrações cometidas contra os interesses financeiros da União, podendo ser melhor alcançado ao nível da União, justificando, desse modo a criação da Procuradoria Europeia[34].

Ainda no que se refere à competência material do novo órgão da União[35], nos termos do n.º 4 do artigo 86.º do TFUE prevê-se a possibilidade de o Conselho estender o âmbito de competência material da Procuradoria Europeia ao combate da criminalidade grave com dimensão transfronteiriça. À luz do mencionado número, tal decisão pode ser simultânea ou posterior à criação da PE e será adotada por unanimidade do Conselho, após aprovação do Parlamento Europeu e consulta à Comissão. A exequibilidade do supramencionado alargamento será abordada mais à frente.

Apesar de colocada a primeira pedra para a construção da PE com a consagração do artigo 86.º do TFUE, só em julho de 2013 é que a Comissão adotou a Proposta de Regulamento que institui a Procuradoria Europeia[36].

A referida proposta fazia parte da estratégia global da Comissão para combater a fraude contra o orçamento da União, sendo considerada a iniciativa chave da Comissão na área da justiça e da segurança[37].

[34] Cf. Regulamento (UE) 2017/1939 do Conselho, 12 de outubro de 2017, que dá execução a uma cooperação reforçada para a instituição da Procuradoria Europeia, JO – L 283/1, 30 de outubro de 2017, considerando (12).

[35] Cf. artigo 3.º, n.º 1 do Regulamento (UE) 2017/1939 do Conselho, de 12 de outubro de 2017.

[36] Proposta de Regulamento do Conselho que institui a Procuradoria Europeia – COM(2013) 534 final. Disponível: https://eur-lex.europa.eu/LexUriServ/LexUriServ.do?uri=COM:2013:0534:FIN:PT:PDF (última consulta a 21-04-2021)

[37] Csonka, Peter, "General Presentation of the Proposal and Main Issues: The State of Negotiations, Solutions Reached and Main Issues to be Resolved", *in Os Novos Desafios da Cooperação Judiciária e Policial da União Europeia e da Implementação da Procuradoria Europeia*, Coord. Margarida Santos, Mário Ferreira Monte e Fernando Conde Monteiro, Centro Interdisciplinar em Direitos Humanos da Escola de Direito da Universidade do Minho, 2017, p.69.

As negociações iniciaram-se no Conselho sob a Presidência Grega e conduziram muito rapidamente a alterações substanciais na proposta. Em maio de 2014, a Presidência Grega apresentou o primeiro texto revisto. Outras revisões sucederam-se-lhe, tendo sido apresentadas pelas sucessivas Presidências italiana, luxemburguesa, holandesa e eslovaca, respetivamente[38]. O texto regulador da PE estabilizou em janeiro de 2017 e, a 3 de abril de 2017, um grupo de dezasseis Estados-Membros[39] notificaram o Parlamento Europeu, o Conselho e a Comissão de que desejavam instituir uma cooperação reforçada para a instituição da Procuradoria Europeia. Em consequência, foi concedida a autorização para proceder à cooperação reforçada, à luz do artigo 86.º, n.º 1, do TFUE, e as disposições relativas à mesma aplicam-se a desde 3 de abril de 2017.

No mesmo ano, a Letónia, a Estónia, a Áustria e a Itália manifestaram o seu desejo de participar na criação da cooperação reforçada[40], possibilidade conferida pelo texto do artigo 328.º, n.º 1, do TFUE, que estipula que "*aquando da sua instituição, as cooperações reforçadas estão abertas a todos os Estados-Membros.* (..) *Estão também abertas a qualquer outro momento, desde que sejam respeitados, para além das referidas condições, os atos já adotados nesse âmbito*". Além da existência da possibilidade de adesão posterior à criação do referido órgão, o Tratado estipula, no mesmo número, que sobre a Comissão e os Estados-Membros que participam na cooperação reforçada para a instituição da Procuradoria Europeia recai o ónus de garantir a promoção da participação do maior número possível de Estados-Membros da União Europeia.

É inegável a relutância sentida por parte de alguns Estados-Membros e a dificuldade de consenso que prorrogou a discussão e originou diver-

[38] Brière, Chloé, "Procedural issues under EPPO's legislative framework", *in Os Novos Desafios da Cooperação Judiciária e Policial da União Europeia e da Implementação da Procuradoria Europeia*, Coord. Margarida Santos, Mário Ferreira Monte e Fernando Conde Monteiro, Centro Interdisciplinar em Direitos Humanos da Escola de Direito da Universidade do Minho, 2017, p. 98.

[39] A saber, Bélgica, Bulgária, Croácia, Chipre, República Checa, Finlândia, França, Alemanha, Grécia, Lituânia, Luxemburgo, Portugal, Roménia, Eslováquia, Eslovénia e Espanha.

[40] Cf. Regulamento (UE) 2017/1939 do Conselho, 12 de outubro de 2017, que dá execução a uma cooperação reforçada para a instituição da Procuradoria Europeia, JO – L 283/1, 30 de outubro de 2017, considerando (8).

sas propostas. No entanto, não é difícil compreender que, sendo um dos tópicos de Direito Penal da União mais contestados dos últimos anos[41], um autêntico "*two headed dragon*", tal como a Procuradoria Europeia foi apelidada[42], seja encarado muito cautelosamente pelos dos Estados-Membros, receando os "estragos" que a sua atuação venha a causar. A controvérsia que se foi gerando, ao longo do tempo em que duraram as negociações, em torno deste novo órgão da União encontra várias explicações. Para Vervaele[43], um dos motivos da desconfiança assenta no facto de estarmos perante uma instituição supranacional no domínio da aplicação da lei penal à qual, contrariamente ao que sucede em relação à Europol e à Eurojust, seriam atribuídos poderes operacionais de investigação e ação penal dotados de autonomia. Consequentemente, surge o receio por parte dos Estados-Membros de uma eventual transferência dos seus poderes soberanos para o novo Ministério Público Europeu. Esta transferência de soberania é, de facto, uma questão de "*soberania partilhada*"[44], ou seja, as autoridades nacionais estão a ser cada vez mais dotadas de funções europeias, provocando o aumento da dimensão europeia a nível nacional relativamente à investigação e à acusação, levando a uma possível harmonização de normal processuais nacionais, o que, mais uma vez, desagrada largamente aos Estados-Membros.

Além disso, a PE opera num espaço comum, comparável ao mercado interno e à união monetária, que é o espaço de liberdade, segurança e justiça (ELSJ). Assim, tem como objetivo proteger os interesses comuns que vão para além dos territórios de cada Estado ou jurisdição, originando uma combinação de instituições verticais com poderes transna-

[41] Herlin-Karnell, Ester, "The Establishment of a European Public Prosecutor's Office: Between 'Better Regulation' and Subsidiarity Concerns" *in Shifting Perspectives on the European Public Prosecutor's Office*, Coord. Willem Geelhoed, Leendert H. Erkelens, Arjen W.H. Meij, ed. Springer, 2018, p. 42.

[42] L.H. Erkelens et. al. "The European Public Prosecutor's Office – An Extended Arm or a Two-Headed Dragon?", Haia, Ed. Springer, 2015.

[43] Vervaele, John A.E., "The European Public Prosecutor's Office (EPPO): Introductory Remarks", *in Shifting Perspectives on the European Public Prosecutor's Office*, Haia, 2018, Ed. Springer, p.12.

[44] Op. cit. p.13.

cionais, encarada com muita relutância pelos Estados-Membros, que tendencialmente preferem o sistema de cooperação horizontal até à data operante.

A controvérsia foi também motivada pela competência material atribuída à PE, na medida em que é bastante mais abrangente do que o seu título pressupõe, abarcando crimes como a corrupção, o crime organizado, o branqueamento de capitais, infrações fiscais e aduaneiras, entre outros, apesar da obrigatoriedade de estarem relacionados com a lesão dos interesses financeiros da União[45].

Um último motivo justificativo apresentado sobre esta perspetiva consiste na necessidade de alteração da conceção do modelo de Ministério Público que se imporia a alguns Estados-Membros, visto que alguns procuradores nacionais são competentes para proferir acusação, mas não fazem parte da investigação, que é conduzida inteiramente pelas autoridades competentes[46]. Aliado a isso, também a criação da figura de um procurador cuja atuação é independente do poder executivo, quer dos Estados-Membros quer a nível da União, contraria o funcionamento do Ministério Público de alguns Estados-Membros, como o Alemão e o Francês[47].

Ultrapassadas as divergências, a 12 de outubro de 2017 foi adotada a versão final do Regulamento que dá execução a uma cooperação reforçada para a instituição da Procuradoria Europeia. Importa, a fim de manter um fio de raciocínio claro, escalpelizar agora o conteúdo do referido regulamento.

[45] Ibidem.

[46] Ibidem, p. 14.

[47] ALBUQUERQUE, JOSÉ P. RIBEIRO DE, "EPPO – building federal? A instituição da Procuradoria Europeia e os Estatutos dos Ministérios Públicos dos EM da EU: parâmetros mínimos de independência", *in Os Novos Desafios da Cooperação Judiciária e Policial da União Europeia e da Implementação da Procuradoria Europeia*, Coord. Margarida Santos, Mário Ferreira Monte e Fernando Conde Monteiro, Centro Interdisciplinar em Direitos Humanos da Escola de Direito da Universidade do Minho, 2017, p. 157.

1.2. Funcionamento

Criada a PE[48], que contava com 16 Estados-Membros à data da sua criação, número que atualmente aumentou para 22[49], releva compreender as linhas que traçam o seu funcionamento, ou seja, os aspetos principais do conteúdo do Regulamento do Conselho de 12 de outubro de 2017, que dá execução a uma cooperação reforçada para a instituição da Procuradoria Europeia[50] (doravante Regulamento).

O supramencionado Regulamento é introduzido por 121 considerandos e estabelece as normas relativas ao funcionamento da PE agrupadas em onze capítulos, nomeadamente, o capítulo I, sobre o objeto e definições, o capítulo II, relativo à instituição, funções e princípios base da Procuradoria Europeia, o capítulo III, referente ao estatuto, estrutura e organização da PE, o capítulo IV, sobre a competência e exercício da competência da PE, o capítulo V, que versa sobre as regras processuais aplicáveis às investigações, medidas de investigação, ação penal e alternativas à ação penal, o capítulo VI, relativo às garantias processuais, o capítulo VII, sobre o tratamento de informações, o capítulo VIII, acerca da proteção de dados, o capítulo XI, de epígrafe disposições financeiras e em matéria de pessoal, o capítulo X, relativo a disposições relativas às relações da procuradoria europeia e com os seus parceiros e, por último, o capítulo XI, disposições gerais. Ir-se-á, de seguida, explanar os principais aspetos do conteúdo do regulamento, com enfoque nos capítulos II, III, IV, V, VI e X, excluindo os restantes desta análise.

O novo Ministério Público Europeu tem como função investigar, instaurar a ação penal, deduzir acusação e sustentá-la na instrução e no julgamento contra os autores de infrações lesivas dos interesses financeiros

[48] Site oficial da PE, disponível: https://www.eppo.europa.eu/ (última consulta a 27-04-2021).

[49] Estes são a Áustria, a Bélgica, a Bulgária, a Croácia, o Chipre, a República Checa, a Estónia, a Finlândia, a França, a Alemanha, a Grécia, a Itália, a Letónia, a Lituânia, o Luxemburgo, Malta, os Países Baixos, Portugal, a Roménia, a Eslovénia, a Eslováquia e a Espanha. A Hungria, a Irlanda, a Polónia e a Suécia são, neste momento, não participantes, detendo a faculdade de apresentar a sua candidatura a qualquer momento. Disponível: https://www.consilium.europa.eu/pt/policies/eppo/ (última consulta a 27-04-2021) e https://www.eppo.europa.eu/members (última consulta a 27-04-2021).

[50] Regulamento do Conselho de 12 de outubro de 2017, que dá execução a uma cooperação reforçada para a instituição da Procuradoria Europeia, JO – L 283/36

da União, tal como plasmado no artigo 4.º do Regulamento. No exercício das suas funções, a PE deve agir com respeito pelos direitos consagrados na Carta dos Direitos Fundamentais da Europeia, de acordo com o artigo 5.º do referido Regulamento, atuando com independência e responsabilidade, tal como consta do artigo 6.º do mesmo documento legal. Clarificando, a PE será um gabinete integrado no sentido de abranger todas as funções que estão envolvidas num processo penal, desde o primeiro ato que dá início à investigação até à acusação e julgamento nos tribunais nacionais, encontrando-se em plena conformidade com os poderes previstos no artigo 86, n.º 2 do TFUE, que confere competência à PE para "(...) investigar, processar judicialmente e levar a julgamento (...) os autores e cúmplices das infrações lesivas dos interesses financeiros da União". Debrucemo-nos agora sobre a estrutura da PE.

Nos termos dos artigos 8.º e 106.º do supramencionado Regulamento, a PE funcionará a nível central no Luxemburgo, e será constituída, a esse nível, pelo Colégio, previsto pelo artigo 9.º do Regulamento, pelas Câmaras Permanentes, reguladas pelos artigo 10.º, pelo Procurador-Geral Europeu, previsto pelo artigo 11.º, pelos Procuradores-Gerais Adjuntos, regulados pelo mesmo artigo, pelos Procuradores Europeus, previsto pelo artigo 12.º, um por cada Estado participante, sendo, atualmente 22[51], e pelo Diretor Administrativo, regulado pelo artigo 18.º e 19.º do mesmo diploma legal. O nível descentralizado é composto pelos Procuradores Europeus Delegados, previsto no artigo 13.º do Regulamento, localizados nos Estados-Membros participantes. Na sua génese, o Ministério Público Europeu foi concebido como um gabinete descentralizado. No entanto, tal não significa que a condução integral do processo, desde toda e qualquer ação necessária durante a investigação até ao momento da acusação esteja a cargo das autoridades competentes de um determinado território e dos respetivos procuradores[52]. Clarificando, o Regulamento prevê que

[51] Consultar a página: https://www.portugal2020.pt/content/procuradoria-europeia-ja-tem-3-mil-processos-para-investigar (última consulta a 28-04-2021).

[52] Csonka, Peter Establishment of the European Public Prosecutor's Office, in Protecting fundamental and procedural rights from the investigations of OLAF to the future EPPO, p. 87. Disponível: http://www.europeanrights.eu/olaf/pdf_eng/3-Establishment%20of%20the%20European-pc.pdf (última consulta a 03-05-2021).

o Ministério Público Europeu seja um gabinete europeu com uma estrutura constituída por uma unidade central e por gabinetes locais em todos os Estados-Membros. No âmbito da tomada de decisões, a Procuradoria Europeia terá uma estrutura a dois níveis, estratégico e operacional. O nível estratégico será composto por um Procurador-Geral Europeu, que, enquanto chefe máximo deste órgão é responsável pela gestão e organização dos trabalhos da PE, presidindo às reuniões do Colégio, que, por sua vez, é composto pelos Procuradores Europeus de cada Estado-membro, sendo responsável por tomar decisões sobre questões estratégicas[53]. O colégio decide, ainda, por "maioria de dois terços dos seus membros", nos termos do artigo 107.º, n.º 2 do Regulamento, qual a língua de trabalho da PE, que, neste caso, será o inglês[54]. O nível operacional incluirá Procuradores Europeus Delegados responsáveis pela condução da investigação e ação penal no seu Estado-Membro e Câmaras Permanentes[55], criadas pelo Colégio dos sob proposta do Procurador-Geral Europeu e presididas pelo mesmo, por um dos Procuradores-Gerais Europeus Adjuntos ou por um Procurador Europeu. Além do presidente, as Câmaras Permanentes têm mais dois membros permanentes, os restantes membros são variáveis e não têm número fixo, tal como previsto no artigo 10.º do Regulamento. O número de câmaras varia consoante as necessidades da Procuradoria Europeia e a função das mencionadas câmaras é acompanhar e orientar as investigações e os processos conduzidos pelos procuradores europeus delegados[56]. O já mencionado artigo 8.º do Regulamento, no seu número 1, introduz a PE como "um órgão indivisível da União", implementado através de uma lógica descentralizada que orienta as suas operações a nível europeu e nacional, como anteriormente explanado. No entanto, tendo em conta a natureza híbrida que configura o corpo da PE, caraterizado por uma cabeça europeia com mãos e pés nacionais,

[53] Cf. artigo 9.º, n.º 1 e 2 e artigo 11.º do Regulamento.

[54] Entrevista do jornal Público ao Procurador Europeu José Guerra. Disponível: https://www.publico.pt/2021/06/01/sociedade/entrevista/procurador-europeu-jose-guerra-nao-demitir-factos-nao-imputaveis-1964817 (última consulta a 01-06-2021).

[55] Consultar a página https://www.consilium.europa.eu/pt/policies/eppo/ (última consulta a 03-05-2021).

[56] Consultara a página https://justica.gov.pt/Procuradoria-Europeia (última consulta a 03-05-2021).

gera-se alguma incerteza relativa à interpretação da *natureza indivisível* (itálico nosso) deste novo órgão[57].

Relativamente aos seus membros, o Regulamento estabelece, nos seus artigos 11.º e 14.º, que o Procurador-Geral Europeu é nomeado pelo Parlamento Europeu e pelo Conselho Europeu, para um mandato de 7 anos, que não pode ser renovado, sendo auxiliado no exercício das suas funções por dois Procuradores-Gerais Europeus Adjuntos, sendo estes competentes para substituir o Procurador-Geral Europeu caso ele precise de se ausentar ou não puder desempenhar as suas funções. Os referidos Procuradores-Gerais Europeus Adjuntos são nomeados pelo Colégio, à luz do artigo 15.º do Regulamento, entre os Procuradores Europeus. Foquemo-nos, por um breve momento, no importante papel da primeira Procuradora-Geral Europeia. Laura Codruța Kövesi[58], procuradora no Ministério Público junto do Supremo Tribunal de Cassação e Justiça da Roménia, foi nomeada, depois da aprovação do Conselho, a 14 de outubro de 2019, sendo posteriormente confirmada a referida nomeação pelo Parlamento Europeu, tendo sido selecionada com base numa lista de três candidatos propostos por um painel de seleção independente e na sequência de um convite à apresentação de candidaturas. Enquanto Procuradora-Geral Europeia, tem como missão organizar os trabalhos da PE e representá-la nos contactos com as instituições da União Europeia, os Estados-Membros e os países terceiros. Será assistida por dois procuradores-gerais europeus adjuntos e presidirá ao colégio de procuradores, que será incumbido de definir a estratégia e as regras internas e de assegurar a coerência de cada processo e entre os processos. Na qualidade de primeira titular deste cargo, terá por missão criar a PE de raiz. A sua função, ao longo dos sete anos do seu mandato, consistirá, em especial, em erguer a estrutura administrativa e operacional da Procuradoria e estabe-

[57] Study requested by the European Parliament's Committee on Budgetary Control, "The European Public Prosecutor's Office: strategies for coping with complexity", Policy Department D for Budgetary Affairs – Directorate General for Internal Policies of the Union, PE 621.806, May 2019, p. 24. Disponível: https://www.europarl.europa.eu/RegData/etudes/STUD/2019/621806/IPOL_STU(2019)621806_EN.pdf (última consulta a 04/05/2021).

[58] Consultar a página https://www.portugal2020.pt/content/laura-kovesi-sera-primeira-procuradora-geral-europeia (última consulta a 04-05-2021).

lecer boas relações de trabalho com as autoridades judiciais nacionais, de forma a que este órgão europeu se torne a pedra angular da luta contra a fraude e a corrupção lesivas das finanças da União Europeia[59].

Retomando o discurso de caracterização dos membros da PE, voltemo-nos para os Procuradores Europeus. Estes são os representantes de cada Estado-membro na Procuradoria Europeia e têm a função de, como plasmado no artigo 12.º do Regulamento, acompanhar e supervisionar as investigações e ações penais pelas quais são responsáveis os Procuradores Europeus Delegados competentes no respetivo Estado-Membro de origem. São designados pelos Estados-Membros e nomeados pelo Conselho Europeu, para mandatos de seis anos, que não podem ser renovados. No entanto, no final dos seis anos, o Conselho Europeu pode decidir alargar o período do mandato por mais três anos, nos termos do artigo 16.º, n.º 1 e 3 do Regulamento. Impõe-se fazer uma pequena achega relativamente às regras de transição para o primeiro mandato após a criação da PE, pois constituem um desvio a esta norma, na medida em que os Procuradores Europeus de um terço dos Estados-Membros, determinados por sorteio, terão um mandato de três anos não renovável[60],[61]. É importante salientar que para os referidos procuradores poderem ser designados têm de cumprir três requisitos cumulativos, previstos no artigo 16.º, n.º 1 do Regulamento, tais como serem "membros no ativo dos serviços do ministério público ou da magistratura judicial do Estado-Membro pertinente", oferecerem "todas as garantias de independência" e possuírem as "habilitações necessárias para serem nomeados para o exercício das mais altas funções judiciais ou de ministério público nos seus Estados-Membros e tenham experiência prática relevante dos sistemas jurídicos

[59] Comunicado de imprensa do Conselho da União Europeia, 14 de outubro de 2019. Disponível: Procuradoria Europeia: https://www.consilium.europa.eu/pt/press/press-releases/2019/10/14/eu-public-prosecutor-s-office-eppo-laura-codruta-kovesi-to-become-the-first-european-chief-prosecutor/ (última consulta a 07-05-2021).

[60] Angelis, Francesco De, "The European Public Prosecutor's Office (EPPO) – Past, Present, and Future", *in eucrim, The European Criminal Law Associations' Forum, 2019/4*, p. 274. Disponível: https://eucrim.eu/media/issue/pdf/eucrim_issue_2019-04.pdf#page=50 (última consulta a 07/05/2021).

[61] Os países em questão são a Grécia, a Espanha, a Itália, o Chipre, a Lituânia, a Holanda, a Áustria e Portugal.

nacionais, de investigações financeiras e de cooperação judiciária internacional em matéria penal". Resumidamente, cada Estado-membro tem um procurador europeu, escolhido pelo Conselho de entre os três candidatos sugeridos por cada Estado-Membro[62]. Já os Procuradores Europeus Delegados são designados, pelo menos dois por Estado-Membro[63], pelos Estados-membros e nomeados pelo Colégio, sob proposta do Procurador-Geral Europeu, sendo nomeados para mandatos de cinco anos, que podem ser renovados, à luz do artigo 17.º, n.º 1 do Regulamento. Os Procuradores Europeus Delegados são obrigados a cumprir requisitos de manutenção das funções europeias, plasmados no número 2 do supramencionado artigo, pois, como desde a nomeação até à cessação de funções os Procuradores Europeus Delegados continuam membros no ativo dos serviços do ministério público ou da magistratura judicial dos Estados-Membros que os designam, estes "devem oferecer todas as garantias de independência e possuir as habilitações necessárias e experiência prática relevante no respetivo sistema jurídico nacional". Caso algum destes requisitos seja comprometido, o Comité tem o poder/dever de demitir o Procurador Europeu Delegado que cometeu essa violação, nos termos do número 3 do artigo 17.º do Regulamento.

[62] Em Portugal foi nomeado José Eduardo Guerra para procurador europeu. Este é procurador do Ministério Público, com experiência na área criminal, na direção de investigações e de julgamentos de grandes fraudes e de crimes contra os interesses financeiros da União. Também desempenhou funções durante mais de 10 anos na Eurojust, onde trabalhava até ser nomeado Procurador Europeu. Contudo, gerou-se bastante polémica em torno da sua nomeação, na medida em que os peritos do Conselho da União Europeia haviam designado Ana Carla Almeida como a magistrada mais apta para exercer as funções de Procuradora Europeia. Para mais informações sobre esse tema consultar, entre outros, as páginas: https://jornaleconomico.sapo.pt/noticias/ingerencia-ou-acusacoes-falsas-caso-do-procurador-europeu-divide-parlamento-europeu-690745 (última consulta a 11-05-2021); https://observador.pt/2021/04/29/parlamento-europeu-manifesta-profunda-preocupacao-sobre-o-caso-do-procurador-europeu/ (última consulta a 11/05/2021); https://rr.sapo.pt/2021/04/29/pais/procurador-europeu-jose-guerra-quebra-silencio-sobre-polemica-da-sua-nomeacao/noticia/236626/ (última consulta a 11/05/2021); e https://www.publico.pt/2021/06/01/sociedade/entrevista/procurador-europeu-jose-guerra-nao-demitir-factos-nao-imputaveis-1964817 (última consulta a 01/06/2021).

[63] https://justica.gov.pt/Procuradoria-Europeia (última consulta a 11-05-2021).

Voltemo-nos agora para o capítulo IV do Regulamento, que consagra as regras relativas à competência da PE e seu exercício, prevendo, no número 1 do seu artigo 22.º, que a PE é "(..) competente em relação às infrações penais lesivas dos interesses financeiros da União que estão previstas na Diretiva (UE) 2017/1371", remetendo assim, para a Diretiva PIF[64]. Num aparte, já a competência territorial da PE é regulada pelas alíneas a) a c) do artigo 23.º do Regulamento. Retomando o tema da competência material, muito resumidamente, a PE contribuirá para corrigir a insuficiência da atuação dos mecanismos nacionais de combate à fraude lesiva dos interesses financeiros da União, pois, a jurisdição destes termina nas fronteiras nacionais limitando, assim os instrumentos ao dispor dos procuradores nacionais para lutarem contra a grande criminalidade financeira transnacional[65]. Além disso, os organismos da União atualmente existentes, como o OLAF ou a Eurojust, não podem abrir investigações ou ações penais nos Estados-Membros, o que fragiliza a repressão das infrações em causa, sem o auxílio de um Ministério Público Europeu. Tendo em conta que os Estados-Membros perdem no mínimo 50 mil milhões de euros todos os anos em receitas de IVA devido à fraude transnacional, a importância da atuação da PE é fundamental para reduzir, ou mesmo travar a perpetuação destes comportamentos ilícitos[66]. A questão da competência material da Procuradoria Europeia será abordada de forma mais aprofundada no capítulo seguinte desta reflexão.

Já no capítulo V, de acordo com o artigo 26, n.º 1 do Regulamento, o Procurador Europeu Delegado de um Estado-Membro que tenha "competência para a infração" pode abrir investigações criminais nos casos que sejam da competência da PE[67]. Pode, ainda, exercer o seu direito de avocação depois de receber todas as informações pertinentes fornecidas

[64] Diretiva (UE) 2017/1371 do Parlamento Europeu e do Conselho, de 5 de julho de 2017, relativa à luta contra a fraude lesiva dos interesses financeiros da União através do direito penal, JO – L 198/29, 27 de julho de 2017.

[65] Consultar a página https://justica.gov.pt/Procuradoria-Europeia (última consulta a 13-05-2021).

[66] Ibidem.

[67] Study requested by the European Parliament's Committee on Budgetary Control, "The European Public Prosecutor's Office: strategies for coping with complexity", Policy Department D for Budgetary Affairs – Directorate General for Internal Policies of the Union, PE

pelas autoridades nacionais, tal como consta do texto do artigo 27.º, n.º 1 do mencionado diploma legal. Chegada a conclusão que determinada infração cai no âmbito da competência da PE, é necessário determinar qual o Estado-Membro competente para iniciar a investigação. Em regra, tal como elencado no número 4 do artigo 26.º do Regulamento, o processo deverá ser iniciado e tratado por um Procurador Delegado Europeu do Estado-Membro onde se concentra a atividade criminosa. Caso tenham sido cometidas várias infrações conexas dentro do âmbito da competência da PE, o caso será tratado pelo Procurador Delegado Europeu do Estado-Membro em que foi cometida a maior parte das infrações. Para Michiel Luchtman, o conceito de "*bulk of the offences*" levanta questões interpretativas complexas, que seriam facilmente respondidas caso o texto da diretiva PIF tivesse sido mais ambicioso[68]. Além disso, as alíneas a) a c) do número 4 do mencionado artigo 26.º elencam três possíveis exceções à regra do *locus delicti*, por "*ordem de prioridade*", sendo estas o local de residência habitual do suspeito, a nacionalidade do suspeito e o local onde ocorreu o principal prejuízo financeiro. Contudo, o legislador não foi claro relativamente ao alcance da "ordem de prioridade", permanecendo a dúvida se o local de residência habitual do suspeito se sobreporá sempre aos restantes critérios. A resposta a esta questão teria de ser determinada pelos interesses jurídicos em questão e pelo seu peso relativo, sendo que o Regulamento não adianta quais os interesses jurídicos que considera legítimos[69].

Como os Procuradores Europeus Delegados, no exercício das suas funções, irão utilizar os métodos de trabalho previstos nos Estatutos do Ministério Público do seu Estado-Membro e um enquadramento legal mais amplo, o sistema de gestão de processos da PE deveria, idealmente, ter uma estreita interação com o sistema de gestão de processos de cada Estado-Membro para a investigação criminal. Isto tornaria mais fácil a

621.806, May 2019, p. 62. Disponível: https://www.europarl.europa.eu/RegData/etudes/STUD/2019/621806/IPOL_STU(2019)621806_EN.pdf (última consulta a 13/05/2021).

[68] Luchtman, Michiel, "Forum Choice and Judicial Review Under the EPPO's Legislative Framework" *in Shifting Perspectives on the European Public Prosecutor's Office,* Coord. Willem Geelhoed, Leendert H. Erkelens, Arjen W.H. Meij, ed. Springer, 2018, pp. 157 e 158.

[69] Ibidem, p. 158.

discussão e ligação de casos e ajudaria a fomentar a cooperação e uma melhor articulação entre a PE e as autoridades policiais competentes e outros organismos nacionais a quem os Procuradores Europeus Delegados possam dar instruções para a execução de determinadas medidas de investigação, tal como previsto pelo número 1 do artigo 28.º do Regulamento. Isto também promoveria a cooperação com os tribunais nacionais competentes nos casos em que a legislação nacional lhes exija que autorizem medidas de investigação. Um sistema uniforme de gestão de processos também facilitaria a cooperação com os Procuradores Europeus Delegados noutros Estados-Membros em processos transfronteiriços. Contudo, a criação do sistema de gestão de processos da PE irá assentar numa plataforma informática, o que se revela inteiramente divergente do sistema utilizado pelo departamento de investigação e ação penal em diversos Estados-Membros. Embora, em alguns Estados-Membros, os ficheiros já sejam, na sua maioria, guardados eletronicamente, vários sistemas nacionais, relativos à investigação e ação penal, ainda dependem principalmente de ficheiros em papel. Por conseguinte, o sistema de gestão de processos não pode ser uma solução "one fits for all", ou seja, terá de ser adaptado consoante a maior ou menor utilização de sistemas informáticos por parte de cada Estado-Membro participante[70].

Quanto às medidas de investigação da PE, o artigo 30.º do Regulamento prevê um conjunto mínimo de medidas através das quais os Procuradores Europeus Delegados conduzirão a sua atuação, permitindo-lhes, nos processos transfronteiriços, contar com os Procuradores Europeus Delegados assistentes quando for necessário tomar medidas noutros Estados-Membros, tal como dispõe o artigo 31.º do mesmo documento legal. Contudo, a atuação dos Procuradores Europeus Delegados encontra-se, muitas vezes, limitada pela legislação nacional do Estado-Membro

[70] Study requested by the European Parliament's Committee on Budgetary Control, "The European Public Prosecutor's Office: strategies for coping with complexity", Policy Department D for Budgetary Affairs – Directorate General for Internal Policies of the Union, PE 621.806, May 2019, pp. 62 e 63. Disponível: https://www.europarl.europa.eu/RegData/etudes/STUD/2019/621806/IPOL_STU(2019)621806_EN.pdf (última consulta a 18/05/2021).

em causa[71], condicionando, assim, o sucesso da investigação. Contudo, importa salientar que os meios de prova apresentados ao órgão jurisdicional pela PE não devem ser recusados unicamente pelo facto de terem sido recolhidos noutro Estado-Membro, tal como dispõe o número 1 do artigo 37.º do Regulamento, bem como o seu considerando (88). As circunstâncias descritas anteriormente originaram, nas palavras de Margarida Santos, "(...) um "regime misto" para as medidas de investigação e no que respeita às condições em que podem ser ordenadas pelos Procuradores Europeus Delegados, que entrelaça as legislações nacionais com a legislação da UE."[72]. Continuando no capítulo das disposições que regulam a ação penal, o Regulamento estipula que, como plasmado no artigo 35.º, uma vez concluída a investigação, o Procurador Europeu Delegado apresenta ao Procurador Europeu supervisor um relatório que contém um resumo do processo e um projeto de decisão relativo à instauração da ação penal, ao reenvio, ao arquivamento do processo ou à aplicação do procedimento penal simplificado, que se processa nos termos do artigo 40.º do Regulamento. Por sua vez, o Procurador Europeu supervisor envia esses documentos, acompanhados, ou não, da sua própria apreciação, à Câmara Permanente, que decidirá de acordo com o disposto nas alíneas do número 3 do artigo 10.º do Regulamento. A uma primeira vista, seria de concluir que o Regulamento pretendeu dotar a Câmara Permanente com o *poder da última palavra*, ou seja, de proferir a decisão final. Ao averiguar tal afirmação percebe-se que, chegado o projeto de decisão à Câmara Permanente, a decisão deve de considerar determinados parâmetros, ficando mesmo dependente destes. Clarificando, caso a proposta aconselhe instaurar a ação penal perante um tribunal nacional, ou seja, prosseguir com o julgamento do caso, a decisão a proferir deve

[71] Como exemplo de entrave à investigação com base no direito nacional, atente-se ao caso hipotético em que seria negada a autorização para a utilização de escutas segundo a lei de determinado Estado-Membro, mas que a mesma pergunta no mesmo caso teria uma resposta positiva se tivesse ocorrido num Estado-Membro diferente.

[72] Cf. Santos, Margarida. "A implementação da Procuradoria Europeia – a emergência de um modelo de intervenção penal entre a cooperação e a integração penal?" *in Revista Brasileira de Direito Processual Penal*, vol. 5, n. 2, Porto Alegre, maio-agosto 2019, p. 1025. Disponível: https://doi.org/10.22197/rbdpp.v5i2.240 (última consulta a 20-05-2021).

ter em conta a aplicação de uma espécie de "*favor actionis*"[73], ou seja, à Câmara Permanente fica vedada a decisão no sentido do arquivamento do processo, tal como consta do artigo 36.º, n.º 1 do Regulamento. Relativamente ao reenvio, o artigo 34.º do Regulamento, nos seus números 1, 2 e 3, contempla as situações em que se considera desnecessário investigar a nível da União, seja por falta de competência da PE, seja por se tratar de situações cuja gravidade não o justifique. Assim, tomada a decisão de reenvio, o caso é reenviado "sem demora injustificada" às autoridades nacionais competentes, nos termos do artigo 34.º, n.º 1 do mesmo diploma legal. No que respeita ao arquivamento do processo, a letra do Regulamento não parece deixar muita margem para avaliações meramente discricionárias[74], na medida em o número 1 do seu artigo 39.º evoca uma série de critérios objetivos capazes de motivar o arquivamento do processo. Contudo, é um facto que o artigo 39.º do Regulamento, no seu número 1, indica, como parâmetro para avaliar se a ação penal se tornou impossível, a lei do Estado-Membro do Procurador Delegado Europeu. Como referido anteriormente, a Câmara Permanente, quando proposto pelo Procurador Europeu Delegado, tem o ónus de decidir que se aplique um procedimento penal simplificado, caso tal figura seja prevista pelo direito nacional aplicável, ou seja, pela lei do Estado-Membro em causa. Embora o caminho traçado até aqui pareça desembocar na constatação de um papel central significativo por parte da Câmara Permanente, seria difícil de imaginar, na prática, o resultado da investigação de um caso concreto em que o Procurador Europeu Delegado competente não tivesse desempenhado um papel decisivo[75].

Já no capítulo VI, relativamente às garantias processuais, foi estabelecido que as atividades da PE devem ser realizadas em conformidade com os direitos estabelecidos na Carta dos Direitos Fundamentais da União

[73] Rafaraci, Tommaso, "Brief Notes on the European Public Prosecutor's Office: Ideas, Project
and Fulfilment", *in EU Criminal Justice, Fundamental Rights, Transnational Proceedings and the European Public Prosecutor's Office*, ed. Springer, Catânia, 2018, pp. 161.

[74] Ibidem.

[75] Ibidem, p. 162.

Europeia[76] e nas cinco diretivas, elencadas nas alíneas a) a e) do número 2 do artigo 41.º do Regulamento, relativas às garantias de defesa dos suspeitos e arguidos, já anteriormente adotadas pela União. Tal não exclui o respeito, em simultâneo, pelo direito ao mais alto nível de proteção previsto na legislação nacional aplicável, como o número 3 do mesmo diploma legal dispõe. É, também, importante salientar que, em primeiro lugar, na ausência de quaisquer regras processuais europeias no Regulamento, as ações da PE serão substancialmente reguladas pela legislação nacional aplicável. Em segundo lugar, a referência à Carta dos Direitos Fundamentais e às mencionadas diretivas sobre as garantias processuais, apesar de útil, não constitui por si só um indicador da natureza europeia da PE e das suas ações, dado que os direitos estabelecidos pela Carta dos Direitos Fundamentais e pelas diretivas sobre as garantias processuais já representam uma regra a ser seguida no processo penal nacional de todos os Estados-Membros da União Europeia.[77] Na realidade, a referência feita pelo Regulamento aos documentos mencionados parece sugerir uma necessidade de regulação dessas garantias por parte do próprio Regulamento, tendo em conta a falta de uma verdadeira territorialidade europeia, o que consubstancia um entrave às investigações transnacionais. Na sua versão final, o artigo 31.º do Regulamento prevê que os Procuradores Delegados Europeus devem atuar em estreita cooperação, prestando-se assistência e consultando-se regularmente. Mais precisamente, quando uma medida tiver de ser tomada num Estado-Membro diferente do Estado-Membro do Procurador Europeu Delegado competente, este último decidirá sobre a adoção da medida necessária e atribui-la-á a um Procurador Europeu Delegado situado no Estado-Membro onde a medida tem de ser executada, de acordo com os números 2 e 3 do artigo supramencionado. No entanto, será seguro afirmar que a introdução de normas mínimas comuns de garantias processuais facilitarão

[76] Carta dos Direitos Fundamentais da União Europeia, JO – C 202/389, de 7 de junho de 2016.

[77] Rafaraci, Tommaso, "Brief Notes on the European Public Prosecutor's Office: Ideas, Project
and Fulfilment", *in EU Criminal Justice, Fundamental Rights, Transnational Proceedings and the European Public Prosecutor's Office*, ed. Springer, Catânia, 2018, p. 162.

o reforço de uma relação tão inédita e peculiar, que deixaria de ser uma expressão da mera cooperação interestatal[78].

Quanto aos meios de fiscalização dos atos da PE, seria de esperar, tendo em conta a natureza europeia da PE, que os seus atos estivessem sujeitos à fiscalização jurisdicional dos organismos europeus. Contudo, na realidade, a referida fiscalização permanece, na sua maioria, entregue ao direito nacional e às autoridades judiciárias nacionais e não às europeias, como se depreende do artigo 42.º, n.º 1 do Regulamento. Assim, o Tribunal de Justiça da União Europeia tem, na prática, um papel limitado, ficando a decisão prejudicial confinada a um número particular de casos. As alíneas a) a c) do número 2 do mesmo artigo[79] consideram o TFUE competente para decidir, a título prejudicial, sobre a validade dos atos processuais da PE, desde que a questão levantada se fundamente no direito da União, sobre a interpretação ou a validade de disposições de direito europeu, incluindo o próprio regulamento, relativamente a qualquer conflito de competências entre a PE e as autoridades nacionais competentes, sendo o TFUE competente também nos casos referidos nos números 3 a 8 do supramencionado artigo.

É, ainda, de salientar a ausência de controlo jurisdicional a nível europeu relativamente à decisão sobre qual Estado-Membro deve acolher a investigação e, subsequentemente, ter jurisdição. Clarificando, no que diz respeito à decisão sobre qual Estado-Membro deve levar o caso a julgamento, não foi estabelecido qualquer controlo jurisdicional a nível europeu, apesar de estarem em causa assuntos bastante sensíveis, como da eficácia do direito de defesa[80]. Para melhor compreender a escolha do legislador relativamente a esta matéria, é importante atentar no texto do artigo 86.º do TFUE. O referido artigo representa a base para a criação de uma PE como órgão supranacional que será responsável pela investigação, ação penal e julgamento dos autores de infrações contra os

[78] Ibidem, p. 163.

[79] Rafaraci, Tommaso, "Brief Notes on the European Public Prosecutor's Office: Ideas, Project
and Fulfilment", *in EU Criminal Justice, Fundamental Rights, Transnational Proceedings and the European Public Prosecutor's Office*, ed. Springer, Catânia, 2018, p. 160.

[80] Ibidem, p. 161.

interesses financeiros da União. Assim, a criação de um órgão poderoso encarregue de funções que, até aqui, pertenciam única e exclusivamente aos estados soberanos, ou seja, a ação penal, exige uma regulamentação cuidadosa das regras institucionais e de funcionamento às quais a PE deve obedecer, reservando um lugar importante à fiscalização jurisdicional das medidas processuais tomadas pela PE no desempenho das suas funções, tal como se depreende do texto do artigo 86.º, n.º 3 do TFUE[81]. Assim, à luz do artigo 86.º do TFUE, há dois elementos de grande relevância relativamente à fiscalização jurisdicional sobre as decisões da PE. Em primeiro lugar, o número 2 do artigo 86.º do supracitado documento legal estipula que a PE exerce as funções de procurador nos tribunais do Estado-Membro competente, enquanto que o seu número 3 estipula que as regras aplicáveis ao funcionamento da PE, as condições de exercício das suas funções, as regras processuais aplicáveis às suas atividades e as regras aplicáveis à fiscalização jurisdicional das medidas processuais por ela tomadas no desempenho das suas funções serão reguladas pela legislação da União.[82]

Contudo, a escolha do regime atual continua a ser muito criticada, desde logo, pela falta de clareza e incerteza que o regime estabelece para a própria PE, os procuradores europeus delegados, os tribunais nacionais e o TJUE e para todas as partes envolvidas, na medida em que dificulta a resposta à questão de quem será competente para controlar judicialmente tais atos. Além disso, é posta em causa a compatibilidade do texto do artigo 42.º com o Direito Europeu[83]. À luz do número 1 do referido artigo, os atos processuais da PE que se destinem a produzir efeitos legais em relação a terceiros em conformidade com os requisitos e procedimentos estabelecidos pela legislação nacional e as falhas ou omissões do PE

[81] Novokmet, Ante, "The European public prosecutor's office and the judicial review of criminal prosecution", *in New Journal of European Criminal Law*, vol. 8(3), 374-402, ed. Sage, 2017, p. 388.

[82] Ibidem, p. 389.

[83] Triunfante, Luís Lemos, "O controlo judiciário dos atos processuais e decisões da Procuradoria Europeia. Uma arquitetura disruptiva e resiliente?", *in Os Novos Desafios da Cooperação Judiciária e Policial da União Europeia e da Implementação da Procuradoria Europeia*, Coord. Margarida Santos, Mário Ferreira Monte e Fernando Conde Monteiro, Centro Interdisciplinar em Direitos Humanos da Escola de Direito da Universidade do Minho, 2017, pp. 189.

para adotar atos processuais que se destinam a produzir efeitos jurídicos em relação a terceiros e que se encontram legalmente previstos no Regulamento, são objeto de fiscalização pelos órgãos jurisdicionais nacionais competentes. Tal é possível de suceder tendo em conta a natureza específica da PE, comparada com outros organismos e agências europeias, pois os atos processuais da PE relacionados com a investigação e a acusação estão estritamente ligados com a fase de julgamento que ocorrerá nos tribunais nacionais e os seus efeitos irão, nessa medida, sentir-se nos ordenamentos jurídicos dos Estados-Membros. A uma primeira vista, nota-se uma aparente exclusão da competência do TJUE, contrariando, assim, o disposto nos artigos 263.º e 265.º do TFUE, pois a PE é apresentada como um organismo da União indivisível e se o TJUE é competente para fiscalizar a legalidade dos atos dos órgãos ou organismos da União destinados a produzir efeitos jurídicos em relação a terceiros verifica-se uma impossibilidade de compatibilizar os dois sistemas[84]. Mesmo considerando que o número 5 do artigo 263.º do TFUE prevê a possibilidade de tais órgãos ou organismos da União poderem prever condições e regras específicas relativas aos recursos interpostos por pessoas singulares ou coletivas, não se mostra assente se a redução do escopo de fiscalização por parte do TJUE é compatível com o TFUE. Convém ainda salientar que este regime legal coloca em crise o quadro instituído no Direito Europeu, designadamente a regra de que os Tribunais Europeus fiscalizam a legalidade dos atos praticados pelos órgãos ou organismos europeus, enquanto os Tribunais Nacionais exercem o controlo jurisdicional dos atos praticados pelas autoridades nacionais. Em síntese, é difícil concluir que a versão final do Regulamento, garantindo na matéria em causa apenas competência aos Tribunais nacionais, seja compatível com o TFUE[85].

Importa ainda fazer menção à necessidade de meios e recursos humanos para responder a tais demandas. Na prática, a consciência dos custos e do tempo útil de decisão poderá revelar-se decisiva para terceiros, na altura de escolher o tribunal para proceder ao controlo jurisdicional, fator que foi ponderado pelo Parlamento Europeu[86], ao considerar que

[84] Ibidem, p. 189.
[85] Ibidem, p. 190.
[86] Ibidem, p. 192.

podiam perfeitamente ser os tribunais nacionais a ter competência nestas matérias e, para salvaguardar o facto de a PE ser um organismo da União, permitir que fosse também possível a fiscalização por parte do TJUE. Tal competência constituirá para os tribunais nacionais um fardo demasiado pesado, que apenas poderá ser aliviado mediante o recurso ao reenvio prejudicial, originando uma situação em que, ao invés de um modelo de competência concorrente, os tribunais nacionais funcionariam a título principal e o TJUE a título subsidiário. Nas palavras de Luís Lemos Triunfante, "(...) funcionado os tribunais nacionais com uma dupla face, tanto podendo aplicar o direito nacional como diretamente o direito europeu, o controlo jurisdicional da PE poderá constituir uma oportunidade única de "emancipação" e maior relevo jurisprudencial"[87].

Para concluir, será seguro afirmar que este quadro institucional reflete igualmente a estrutura híbrida dos processos penais desencadeados pela PE, marcada, nomeadamente, por uma fase de instrução supranacional e uma fase de julgamento a nível nacional. As lacunas da jurisdição do Tribunal de Justiça provocaram a questão de saber se tanto o controlo jurisdicional da PE como a revisão jurisdicional das suas decisões devem ser exercidos pelos tribunais nacionais, especialmente porque as decisões dos Procuradores Europeus serão principalmente baseadas no Direito Nacional. Esta abordagem holística é apelativa e, portanto, não surpreende que tenha sido adotada na versão final do regulamento sobre a criação da Procuradoria Europeia[88].

Aberta a porta do capítulo X, o foco concentra-se, agora, nas relações da PE com os seus parceiros, nomeadamente com a Eurojust, o OLAF e a Europol, reguladas pelos artigos 100.º, 101.º e 102.º do Regulamento, respetivamente.

[87] Ibidem, p. 193.

[88] Böse, Martin, "Judicial Control of the European Public Prosecutor's Office", *in EU Criminal Justice, Fundamental Rights, Transnational Proceedings and the European Public Prosecutor's Office*, ed. Springer, Catânia, 2018, p. 388.

Começar-se-á por contextualizar o papel da Eurojust[89]. Esta foi instituída como órgão da União em 2002, por decisão do Conselho[90], com base nas propostas apresentadas durante a presidência portuguesa do Conselho em 2000[91], com a finalidade de reforçar a luta contra as formas graves de crime organizado, mas de um ponto de vista menos supranacional do que a PE[92]. Por conseguinte, a Eurojust representou a primeira rede permanente de autoridades judiciais a nível mundial, tendo como objetivo, além da melhoria do auxílio judiciário mútuo entre os Estados-Membros, a coordenação das investigações e das ações penais conduzidas por vários Estados-Membros, o incitamento dos Estados-Membros a desencadear investigações e ações penais em função dos dados de que a Unidade disponha e das prioridades político-criminais que venha posteriormente a estabelecer e o exercício, segundo modalidades a definir, de um controlo judiciário da Europol e do OLAF[93]. À luz do artigo 5.º da referida decisão, a Eurojust exerce as suas funções por intermédio de um ou dos vários membros nacionais dos Estados envolvidos em determinado assunto ou, em situações especificamente tipificadas, colegialmente.

Deste modo, a Eurojust tinha o poder de iniciar investigações mesmo antes da criação da PE[94]. No entanto, cada Estado-Membro "define a natureza e o alcance das competências judiciárias por ele conferidas ao

[89] Visitar a página oficial: https://www.eurojust.europa.eu/ (última consulta a 24/05/2021).

[90] Cf. Decisão do Conselho, de 28 de fevereiro de 2002 relativa à criação da Eurojust a fim de reforçar a luta contra as formas graves de criminalidade, JO – L 63/1, 6 de março de 2002. Disponível: https://eur-lex.europa.eu/legal-content/PT/TXT/PDF/?uri=CELEX:32002D0187&from=PT (última consulta 24/05/2021):

[91] Cf. Santos, Margarida. "Procuradoria Europeia" *in Enciclopédia da União Europeia*, Coordenação Ana Paula Brandão, Francisco Ferreira Coutinho et al., ed. Petrony, Braga, 2017, p.181.

[92] Study requested by the European Parliament's Committee on Budgetary Control, "The European Public Prosecutor's Office: strategies for coping with complexity", Policy Department D for Budgetary Affairs – Directorate General for Internal Policies of the Union, PE 621.806, May 2019, p. 82. Disponível: https://www.europarl.europa.eu/RegData/etudes/STUD/2019/621806/IPOL_STU(2019)621806_EN.pdf (última consulta a 24/05/2021).

[93] Davin, João, "A Criminalidade Organizada Transnacional – A Cooperação Judiciária e Policial na UE", ed. Almedina, novembro de 2007 p. 143.

[94] José de Sousa, Alfredo, "A Criminalidade Transnacional da União Europeia – Um Ministério Público Europeu?", ed. Almedina, junho de 2005, p. 140.

respetivo membro nacional no seu próprio território", definindo igualmente o "direito que assiste a um membro nacional de actuar em relação às autoridades judiciárias estrangeiras", como plasmado no artigo 9.º, n.º 3 da supramencionada decisão.

O facto da Eurojust ser composta, por um lado, por uma equipa de alto nível de magistrados nacionais destacados, procuradores, juízes e outros peritos jurídicos que exercem as suas funções enquanto funcionários nacionais e, por outro, pelo Colégio, isto é, por um órgão coletivo de carácter europeu, demonstra a sua natureza dupla[95]. Contrariamente, os Procuradores Europeus Delegados quando atuam em nome da PE, como já se observou, apesar de exercerem as suas funções nos seus respetivos Estados-Membros, atuam como funcionários europeus. Já à Eurojust é vedada a possibilidade de deduzir acusação e acompanhar o processo até ao último ato, ficando a extensão da sua atuação limitada a instigar as autoridades competentes dos Estados-Membros a investigar e proferir acusação sem que o seu parecer seja vinculativo[96]. Deste modo, é possível observar que o nevoeiro que até aqui cobria as diferenças entre a PE e a Eurojust começa, aos poucos, a dissipar-se. Atente-se, agora, à competência material da Eurojust.

Relativamente à sua esfera de competência, a Eurojust, nos termos do artigo 4.º, n.º 1 do documento legal em causa, abrange os tipos de criminalidade e as infrações em que a Europol pode atuar, abrangendo também a "criminalidade informática", a "fraude e corrupção", bem como "*quaisquer infrações penais que lesem os interesses financeiros da Comunidade Europeia*" (itálico nosso), o "branqueamento dos produtos do crime", "crimes contra o ambiente" e a "participação numa organização

[95] Study requested by the European Parliament's Committee on Budgetary Control, "The European Public Prosecutor's Office: strategies for coping with complexity", Policy Department D for Budgetary Affairs – Directorate General for Internal Policies of the Union, PE 621.806, May 2019, p. 82. Disponível: https://www.europarl.europa.eu/RegData/etudes/STUD/2019/621806/IPOL_STU(2019)621806_EN.pdf (última consulta a 25/05/2021).

[96] Para mais desenvolvimentos sobre as funções operacionais da Eurojust, vd. artigo 4.º e Considerando [14] do Regulamento 2018/1727 do Parlamento e do Conselho, de 14 de novembro de 2018, que cria a Agência da União Europeia para a Cooperação Judiciária Penal (Eurojust), e que substitui e revoga a Decisão 2002/187/JAI do Conselho, JO – L 295/138, 21 de novembro de 2018.

criminosa" e "outras infrações" cometidas conjuntamente com os tipos de criminalidade e infrações referidos. Assim, sendo a Eurojust competente para combater a criminalidade financeira lesiva dos interesses da União, poderia considerar-se questionável a necessidade de instituição de uma PE. Contudo, é essencial realçar que a competência da PE encontra-se limitada, essencialmente, aos crimes previstos pela Diretiva PIF, enquanto que o âmbito material da Eurojust é mais amplo. Além disso, a Eurojust segue uma lógica horizontal, que consiste numa rede de órgãos judiciais centrada na coordenação e na melhoria da cooperação para facilitar a investigação e a prossecução dos processos detidos pelas autoridades nacionais, enquanto que a PE segue uma lógica vertical, concebida para conduzir a investigação de determinado caso, acompanhando todas as fases processuais que se seguirem no Estado-Membro competente, ou seja, exerce a ação penal. Por conseguinte, a Eurojust vai para além da PE nas áreas abrangidas, que material quer geograficamente, mas as funções e os poderes da PE ao longo do processo vão muito além da mera função de coordenação e esforço para a cooperação das autoridades nacionais exercida pela Eurojust[97]. Posto isso, ir-se-á, seguidamente, aprofundar a relação entre ambos os órgãos, cujas sedes foram originalmente concebidas para coincidir[98], mas que estão agora sujeitas à distância entre Haia, no caso da Eurojust, e o Luxemburgo, no caso da PE, e apurar a essência da criação do novo Ministério Público Europeu.

O TFUE, no número 1 do seu artigo 86.º, concebeu originalmente a instituição de uma PE "a partir da Eurojust". No entanto, esta expressão assemelha-se de pouca importância no que concerne à regulação da relação entre a PE e a Eurojust, sendo nas diferenças entre os referidos órgãos que reside a sua importante complementaridade, como irá ser abordado de seguida. Segundo o Regulamento PE, a relação bilateral entre ambos os órgãos assenta na expressão de estreita cooperação baseada na "coo-

[97] Study requested by the European Parliament's Committee on Budgetary Control, "The European Public Prosecutor's Office: strategies for coping with complexity", Policy Department D for Budgetary Affairs – Directorate General for Internal Policies of the Union, PE 621.806, May 2019, p. 83. Disponível: https://www.europarl.europa.eu/RegData/etudes/STUD/2019/621806/IPOL_STU(2019)621806_EN.pdf (última consulta a 25/05/2021).

[98] Ibidem.

peração mútua", plasmada no número 1 do artigo 100.º do Regulamento, cujo significado exato é incerto e diferente da linguagem utilizada em relação a outros parceiros da PE. Refere-se, sem dúvida, à necessidade de tanto a Eurojust como a PE coordenarem entre si a realização de operações de interesse mútuo[99].

A Decisão do Conselho, de 28 de fevereiro de 2002, relativa à criação da Eurojust, a fim de reforçar a luta contra as formas graves de criminalidade, foi reformulada em 2008, com a finalidade de "reforçar as capacidades operacionais da Eurojust, aumentar o intercâmbio de informação entre as partes interessadas, facilitar e reforçar a cooperação entre as autoridades nacionais e a Eurojust, e reforçar e estabelecer relações com parceiros e Estados terceiros". Finalmente, a revisão de 2018 faz o balanço do impacto da PE na Eurojust, substituindo a decisão por um Regulamento que prevê a elevação da Eurojust a uma verdadeira Agência da União Europeia para a Cooperação Judiciária Penal, que entrou em vigor a partir do dia 12 de dezembro de 2019. O Regulamento 2018/1727 do Parlamento e do Conselho, de 14 de novembro de 2018, que cria a Agência da União Europeia para a Cooperação Judiciária Penal (Eurojust), e que substitui e revoga a Decisão 2002/187/JAI do Conselho, JO – L 295/138, 21 de novembro de 2018 (doravante Regulamento de 2018), estabelece um sistema de regulação novo e mais amplo, na medida em que aborda a proteção de dados, clarifica as relações externas da Eurojust, melhora o controlo democrático pelos Parlamentos europeus e nacionais, e clarifica a relação com a PE.[100]

Sintetizando, o grande desafio que enfrenta a relação entre a PE e a Eurojust é a cooperação reforçada, que complica ainda mais a geometria variável de ambos os órgãos da UE, tornando cada vez mais evidente a necessidade de uma melhor cooperação, na medida em que são apresentadas diversas variáveis, verificando-se a existência de Estados-Membros que não participam na cooperação reforçada para a instituição da PE e participam na Eurojust, sendo que todos os Estados-Membros participantes na cooperação reforçada para a instituição da PE também par-

[99] Ibidem, p. 84.
[100] Ibidem, pp. 82 e 83.

ticipam na Eurojust[101]. Além disso, a pedido de um Estado-Membro, a Eurojust pode prestar assistência a investigações e procedimentos penais relativos a um determinado Estado-Membro e a um Estado terceiro, se tiver sido celebrado um acordo de cooperação entre a Eurojust e o Estado terceiro ou se estiver presente um interesse essencial na prestação dessa assistência. A Eurojust pode ainda, a pedido de um Estado-Membro ou da Comissão, prestar assistência às investigações e aos procedimentos penais relativos apenas a esse Estado-Membro e à União Europeia. Tal situação aumenta significativamente o importante papel que a Eurojust deveria desempenhar em termos de assegurar a coordenação, cooperação e facilitação da necessária cooperação internacional, tanto entre os Estados-Membros da União como a nível externo[102].

Outro parceiro da PE, cuja relação entre eles importa desenvolver sucintamente, é o OLAF[103]. O OLAF e a PE podem, à primeira vista, parecer organismos muito semelhantes pois, ambos são, de facto, mecanismos da União Europeia especializados na proteção dos interesses financeiros da União que partilham o mesmo campo de ação e prosseguem o mesmo objetivo, isto é, procuram garantir a proteção dos interesses supramencionados[104]. No entanto, numa análise um pouco mais atenta, são notórias as diversas diferenças entre eles. Comece-se por atentar que o OLAF tem como função fornecer uma resposta administrativa à fraude e a outras atividades que são contra os interesses financeiros da União, através dos inquéritos administrativos por si realizados, enquanto que a PE fornece uma resposta de justiça penal, através da investigação e prossecução de determinada infração. Pertencem assim a dois ramos distintos, ou seja, o da justiça administrativa e da justiça penal, que podem ser utilizados para proteger os interesses financeiros da União[105]. Clarificando, a principal competência do OLAF, segundo o número 4 do artigo 1.º do Regulamento

[101] Ibidem, p. 83.

[102] Ibidem, p.84.

[103] Visitar a página oficial: https://ec.europa.eu/anti-fraud/ (última consulta a 27/05/2021).

[104] Weyembergh, Anne; Brière Chloé, "The future cooperation between OLAF and the European Public Prosecutor's Office", *in New Journal of European Criminal Law*, Vol. 9, ed. Sage, 2018, p. 70.

[105] Ibidem, p. 67.

n.º 883/2013 do Parlamento Europeu e do Conselho, de 11 de setembro de 2013, relativo aos inquéritos efetuados pelo Organismo Europeu de Luta Antifraude (doravante Regulamento OLAF), é de realizar "inquéritos administrativos destinados a combater a fraude, a corrupção e quaisquer outras atividades ilegais lesivas dos interesses financeiros da União". O OLAF é, assim, competente para conduzir inquéritos administrativos, definidos no número 4 do artigo 2.º do mesmo diploma legal como "uma inspeção, verificação ou outra ação realizada pelo Organismo nos termos dos artigos 3.º e 4.º, tendo em vista atingir os objetivos definidos no artigo 1.º e determinar, se for caso disso, o caráter irregular das atividades averiguadas". Importa ainda salientar que, com base na disposição legal referida, os referidos inquéritos "não afetam os poderes das autoridades competentes dos Estados-Membros em matéria de ação penal". Relativamente à competência material do OLAF, esta abrange a condução de investigações quando o orçamento da União é alegadamente afetado por atividades ilegais, em particular no que toca a despesas da União e à maioria das suas receitas[106].

Por seu lado, a PE detém poderes mais alargados, que lhe permitem conduzir investigações criminais acompanhando todo o processo, desde a fase de inquérito até ao julgamento, cabendo-lhe a decisão de proferir acusação (ou não) relativamente a determinado caso. A competência material deste órgão europeu baseia-se, grosso modo, como anteriormente referido, nos crimes previstos na Diretiva PIF, que define regras mínimas sobre as infrações que afetam os interesses financeiros da União, incluindo, também, infrações relativas à participação numa organização criminosa cuja atividade se centre na prática de qualquer das infrações referidas na Diretiva PIF e qualquer outra infração penal que esteja indissociavelmente ligada à conduta criminosa abrangida pelo âmbito das infrações definidas na Diretiva supramencionada, de acordo com o número 3 do artigo 22.º do Regulamento.

É ainda relevante assinalar que os contornos da competência material do PE são particularmente complexos, como por exemplo a regra constante do considerando 58 do Regulamento, que se refere à prioridade da

[106] Ibidem.

competência da PE sobre as reivindicações de competência nacionais, de forma a assegurar a coerência e a direção das investigações e dos processos judiciais a nível da União. Tais fatores terão, naturalmente, impacto na cooperação da PE com os seus parceiros, incluindo o OLAF[107]. Os poderes de investigação à disposição de ambos são também diferentes. Os poderes de investigação do OLAF estão principalmente definidos, como anteriormente referido, no Regulamento OLAF, e incluem a possibilidade de realizar verificações e inspeções no local, que podem ser conduzidas nas instituições, órgãos, agências e gabinetes da União, à luz do artigo 4.º do Regulamento OLAF, ou nas instalações de agentes económicos nos Estados-Membros, e eventualmente em países terceiros e nas instalações de organizações internacionais, como consta do artigo 3.º do mesmo diploma legal. O Organismo em análise pode também entrevistar uma pessoa interessada ou uma testemunha em qualquer altura durante um inquérito, respeitando as devidas garantias processuais, nos termos do artigo 9.º do Regulamento OLAF. Comparativamente, as medidas de investigação à disposição do PE, definidas no Regulamento, são mais extensas do que as que estão à disposição do OLAF, com a limitação de dependerem, até certo ponto, da legislação nacional[108]. Clarificando, atente-se às alíneas do número 1 do artigo 30.º do Regulamento, que dispõem que os Estados-Membros participantes são obrigados a assegurar que os Procuradores Europeus Delegados possam confiar em certas medidas de investigação, que seriam, nas palavras de Anne Weyembergh e Chloé Brière, "a common toolbox of measures"[109], tais como "buscas em quaisquer instalações, terrenos" etc., "obter a apresentação de qualquer objeto ou documento", bem como "obter a apresentação de dados informáticos", "congelar instrumentos ou produtos de crime", "intercetar comunicações eletrónicas" e " detetar e rastrear um objeto através de meios técnicos". Além disso, segundo o número 4 do mesmo artigo, os Procuradores Europeus Delegados têm o direito de "pedir ou ordenar quaisquer outras medidas nos seus Estados-Membros que estejam ao dispor dos procuradores nos termos do direito nacional", sendo que

[107] Ibidem, p. 68.

[108] Ibidem, p. 69.

[109] Ibidem.

os procedimentos e as modalidades de aplicação das referidas medidas regem-se pelo direito nacional, nos termos do número 5 da mesma disposição legal.

Uma vez concluídas as investigações, o OLAF terá poderes diferentes dos da PE no que diz respeito à decisão de instaurar um processo penal ou de iniciar uma investigação criminal. O OLAF pode elaborar um relatório sob a autoridade do seu Diretor-Geral e fazer recomendações sobre as medidas pertinentes a tomar pelas instituições, órgãos e organismos dos Estados-Membros em causa ou pelas autoridades nacionais competentes, contudo, não tem qualquer poder decisório relativo à dedução da acusação. Assim, a decisão de instaurar um processo penal continua a ser da competência exclusiva das autoridades judiciais nacionais[110]. Por sua vez, a PE é responsável por investigar, deduzir acusação e levar a julgamento os autores e cúmplices de infrações previstas na Diretiva PIF, de acordo com o número 2 do artigo 86.º do TFUE, regendo o seu funcionamento pelas regras do seu próprio regulamento.

Aprofundando as diferenças entre os dois, poderia ainda considerar-se que o OLAF teria uma natureza ligeiramente mais supranacional do que a PE, não descurando a natureza transnacional desta, resultante do seu estatuto de organismo comunitário, da sua capacidade de lidar autonomamente com inquéritos administrativos, da definição uniforme da sua competência material e dos seus poderes de investigação. Contrariamente, a PE é caracterizada por um certo grau de intergovernamentalismo[111], percetível, por exemplo, através da importância das leis nacionais na definição do seu âmbito material de competência e das suas regras processuais aplicáveis. No entanto, para Anne Weyembergh e Chloé Brière, tal comparação deve ser feita com cautela, pois a PE também apresenta elementos supranacionais e a sua criação resultará na deslocação do poder de decisão, nomeadamente, do poder de decisão do Ministério Público para as Câmaras Permanentes[112].

[110] Ibidem.

[111] Ibidem, p. 70.

[112] Ibidem.

O artigo 101.º do Regulamento faz referência à relação de cooperação entre a PE e o OLAF. É de salientar que a disposição sobre a cooperação da PE com o OLAF é mais detalhada do que as dedicadas à sua cooperação com a Eurojust e com a Europol[113]. Na sua essência, este princípio básico prevê que a PE e o OLAF devem manter uma relação estreita, baseada na cooperação mútua "no âmbito dos respetivos mandatos e no intercâmbio de informações". A sua relação visará, em específico, "a assegurar que são utilizados todos os meios disponíveis para proteger os interesses financeiros da União, através da complementaridade e do apoio do OLAF à Procuradoria Europeia".

Para concluir, as diferenças identificadas nas suas respetivas naturezas, mandatos e competências irão influenciar diretamente a sua relação. Em particular, as suas diferenças de natureza, sendo o OLAF um organismo administrativo enquanto que a PE pertence ao ramo da justiça penal, limitam estritamente o risco de sobreposição entre os seus mandatos e atividades. Isto contrasta com a relação entre a PE e a Eurojust, que pertencem ambos ao ramo da justiça penal, como observado anteriormente. Contudo, evitar uma sobreposição entre as atividades do OLAF e da PE dependerá do sucesso da sua cooperação, e especialmente da eficiência do intercâmbio de informações entre ambos, pois as especificidades características do OLAF e da PE resultam numa forte complementaridade[114]. Isto está intimamente ligado à complementaridade entre as vias administrativas e penais na proteção dos interesses financeiros da União. Assim, a coexistência da PE e do OLAF a nível da União, permitir-lhes-á determinar, caso a caso, quais os procedimentos mais adequados para investigar um comportamento específico que afete os interesses financeiros da União. Nesse sentido, a sua cooperação será de importância crucial para fomentar novas sinergias e melhorar a eficiência da luta contra a fraude dos interesses financeiros da União[115].

[113] Ibidem, p. 71.
[114] Ibidem, p. 70.
[115] Ibidem, p. 71.

Já a relação da PE com a Agência Europeia de Cooperação Policial – Europol[116, 117] está prevista no artigo 102.º do Regulamento, e, nos termos do número 1 do referido artigo, implica uma "estreita relação", baseada num "acordo de cooperação" celebrado entre ambos os órgãos. À luz do número 2 do supramencionado artigo, a PE tem a faculdade de obter da Europol qualquer informação pertinente que esteja na posse desta, relativa a qualquer infração que seja da sua competência, bem como pedir à Europol que preste apoio analítico numa determinada investigação conduzida pela PE. Contextualizando, a Europol é o organismo da União que tem por missão implementar a cooperação policial com e entre todas as autoridades competentes dos Estados-Membros[118], funcionando como um órgão de coordenação entre os corpos de polícia nacionais. As suas tarefas abrangem a recolha, armazenamento, processamento, análise e intercâmbio de informações. Como tal, apoia e reforça a ação das autoridades nacionais dos Estados-Membros e a sua cooperação mútua na prevenção e combate aos crimes graves que afetam dois ou mais Estados-Membros, o terrorismo e as formas de criminalidade que afetam um interesse comum abrangido por uma política da União[119]. Para além dos esforços de coordenação, a Europol contribui para melhorar o intercâmbio de informações entre as autoridades policiais através, nomeadamente, da avaliação das ameaças graves e do crime organizado[120]. Nos termos do número 1 do artigo 6.º do Regulamento 2016/794 do Parlamento Europeu e do Conselho, de 11 de maio de 2016, que cria a Agência da União

[116] Regulamento 2016/794 do Parlamento Europeu e do Conselho, de 11 de maio de 2016, que cria a Agência da União Europeia para a Cooperação Policial (Europol) e que substitui e revoga as Decisões 2009/371/JAI, 2009/934/JAI, 2009/935/JAI, 2009/936/JAI e 2009/968/JAI do Conselho, JO – L 1335/53, 24 de maio de 2016.

[117] Visitar a página oficial: https://www.europol.europa.eu/partners-agreements/eu-most-wanted (última consulta a 28/05/2021).

[118] José de Sousa, Alfredo, "A Criminalidade Transnacional da União Europeia – Um Ministério Público Europeu?", ed. Almedina, junho de 2005, p. 134.

[119] Vd. artigo 3.º, n.º 1 do Regulamento de 2016.

[120] Study requested by the European Parliament's Committee on Budgetary Control, "The European Public Prosecutor's Office: strategies for coping with complexity", Policy Department D for Budgetary Affairs – Directorate General for Internal Policies of the Union, PE 621.806, May 2019, p. 81. Disponível: https://www.europarl.europa.eu/RegData/etudes/STUD/2019/621806/IPOL_STU(2019)621806_EN.pdf (última consulta a 28/04/2021).

Europeia para a Cooperação Policial (Europol) e que substitui e revoga as Decisões 2009/371/JAI, 2009/934/JAI, 2009/935/JAI, 2009/936/JAI e 2009/968/JAI do Conselho, JO – L 1335/53, 24 de maio de 2016 (doravante Regulamento de 2016), a Europol pode solicitar às autoridades competentes dos Estados-Membros interessados, através das unidades nacionais, que iniciem, conduzam ou coordenem uma investigação criminal sobre um crime que se insere no âmbito dos seus objetivos. A nível estrutural, a Europol é composta por um colégio de representantes nacionais incluindo um representante da Comissão, denominado Conselho de Administração, um diretor executivo como representante legal e responsável pela gestão diária da Agência e unidades nacionais únicas criadas por cada Estado-Membro, que comunicam com o nível central através dos agentes de ligação[121]. Relativamente aos seus poderes operacionais, estes limitam-se às suas funções de coordenação sobre as autoridades competentes, a menos que sejam exercidas no quadro de uma Equipa de Investigação Conjunta. Contudo, a Eurojust não pode empreender atividades típicas de policiamento, tais como localização de suspeitos, buscas e apreensões, ou escutas telefónicas, pois as medidas coercivas estão explicitamente excluídas do seu âmbito de atuação. No entanto, a sua contribuição é fundamental no intercâmbio de dados pessoais de suspeitos através do Sistema de Informação Schengen (SIS II), do Sistema de Informação sobre Vistos (VIS), e do sistema sobre a utilização de dados de registo de nomes de passageiros. Além disso, a Europol criou o seu próprio Sistema de Informação, como uma base de dados central que é imediatamente acessível para consulta pelo pessoal devidamente autorizado da Europol, e pelas autoridades nacionais, em conformidade com a legislação nacional[122]. No entanto, a Europol carece de produzir efeitos juridicamente vinculativos perante os corpos de polícia nacionais, sendo que estes últimos não podem ser obrigados a cumprir os pedidos para iniciar, conduzir ou coordenar investigações. O seu único dever é de considerar devidamente tais pedidos e informar a Europol da sua decisão e dos seus motivos, a menos que tal comunicação prejudique interesses

[121] Ibidem, p. 82.

[122] Ibidem.

essenciais de segurança nacional ou ponha em risco o sucesso das investigações em curso ou a segurança das pessoas[123].

Avançar-se-á, agora, muito resumidamente, para as relações entre a PE e países terceiros e entre a PE e os Estados-Membros que não participam na cooperação reforçada para a instituição da PE.

O Regulamento, nos seus artigos 104.º e 105.º, regula a cooperação do Ministério Público Europeu com países terceiros e organizações internacionais e com os Estados-Membros que não participam na cooperação reforçada para a instituição da PE, respetivamente. Com base num acordo celebrado com as autoridades nacionais desses países, a PE pode trocar informações estratégicas com eles e solicitar, inclusive, o destacamento de agentes de ligação para a PE. A necessidade de se contemplar a possibilidade de cooperação referida, incluindo o destacamento de agentes de ligação para a PE, poderá ser encarada como uma prova eficaz da existência de infrações criminais contra os interesses financeiros da União, deixando aberta a porta para uma forte ligação entre os países mencionados e os restantes Estados-Membros participantes[124].

Retomando o excurso sobre o funcionamento e características da PE, poder-se-á concluir, face ao exposto ao longo desta reflexão, que a maioria das decisões será tomada no terreno pelos Procuradores Europeus Delegados, que serão a "incarnation"[125] da PE nos Estados membros, e que atuarão sob a autoridade do Procurador Europeu. É expectável, assim, que as informações suscetíveis de desencadear uma investigação por parte do Ministério Público Europeu sejam provavelmente provenientes, na maioria dos casos, das autoridades nacionais competentes. Em tais situações, o Procurador Europeu Delegado tem o poder de iniciar investigações em nome do Procurador Europeu, nos termos do

[123] Ibidem.

[124] Jelisavac Trošić, Sanja e Kostić, Jelena, "Establishing the European Public Prosecutor's Office and Suppression of Criminal Offenses Against the EU Financial Interests" *in EU and Comparative Law Issues and Challenges Series*, 2019, pp. 700 e 701. Disponível: https://doi.org/10.25234/eclic/9026 (última consulta a 31-05-2021).

[125] Csonka, Peter "Establishment of the European Public Prosecutor's Office", in Protecting fundamental and procedural rights from the investigations of OLAF to the future EPPO, p. 87. Disponível; http://www.europeanrights.eu/olaf/pdf_eng/3-Establishment%20of%20the%20European-pc.pdf (última consulta a 31-05-2021).

artigo 26.º, n.º 1 do Regulamento. A fim de assegurar a eficiência da PE, terá de haver uma estreita coordenação das atividades com as autoridades nacionais. Com efeito, a PE tornar-se-á uma instituição pioneira, uma vez que se afastará do modelo habitual de cooperação para um modelo de execução direta a nível europeu. Para tal, a PE necessitará de certos poderes para decidir e instruir, uma vez que detém a última uma palavra sobre se o caso merece ou não ser apresentado ao tribunal, se a acusação deve ser proferida e sobre a escolha de jurisdição[126].

Tendo em conta a forte componente nacional na atuação da PE, será seguro afirmar que a intenção dos Estados-Membros era manter o funcionamento da PE sob escrutínio rigoroso, sendo que o sistema judiciário continuaria regido pelas regras de cada Estado-Membro. Qualquer atuação no âmbito da investigação criminal permaneceria, então, integralmente dependente das autoridades nacionais competentes. No entanto, o conceito da PE manteve-se, ainda que associado a mecanismos conceptuais e operacionais complexos[127]. Na prática, a atuação da PE compreenderá a interligação de uma vasta rede de autoridades judiciárias e judiciais, quer nacionais quer ao nível da União Europeia, com natureza, poderes, recursos e organização variados e, até mesmo, divergentes. Esta configuração institucional será mais um desafio colocado à PE, nomeadamente no referente à capacidade desta de estabelecer as suas regras de trabalho, de construir relações interinstitucionais e de criar sinergias relevantes a fim de proporcionar valor acrescentado à União[128].

Quanto à sua entrada em funcionamento, nas palavras da ministra da Justiça da Presidência finlandesa do Conselho, Anna-Maja Henriks-

[126] Ibidem, p. 88.

[127] Angelis, Francesco De, "The European Public Prosecutor's Office (EPPO) – Past, Present, and Future", *in eucrim, The European Criminal Law Associations' Forum, 2019/4*, p. 274. Disponível: ttps://eucrim.eu/media/issue/pdf/eucrim_issue_2019-04.pdf#page=50 (última consulta a 31/04/2021).

[128] Study requested by the European Parliament's Committee on Budgetary Control, "The European Public Prosecutor's Office: strategies for coping with complexity", Policy Department D for Budgetary Affairs – Directorate General for Internal Policies of the Union, PE 621.806, May 2019, p. 20. Disponível: https://www.europarl.europa.eu/RegData/etudes/STUD/2019/621806/IPOL_STU(2019)621806_EN.pdf (última consulta a 31/05/2021).

son[129], a "prioridade" do Conselho seria que a PE estivesse operacional até novembro de 2020. No entanto, tal acabou por não ser possível, sendo prorrogado para o início de março de 2021, o que também não sucedeu devido a atrasos na escolha de procuradores europeus delegados por parte de alguns Estados-Membros, estimando-se, segundo a Comissão, que a PE arrancasse a "meio-gás" a 15 de março de 2021[130]. Os atrasos na entrada em funcionamento da PE foram alvo de preocupação por parte da Comissão Europeia, que exortou, a 11 de março de 2021, os Estados-Membros a acelerarem o processo de nomeação dos procuradores delegados para a PE, de modo a torná-la operacional ainda este semestre. Para que tal aconteça, é necessário que os 22 Estados-Membros que fazem parte da Procuradoria nomeiem os procuradores europeus delegados, processo que está ainda muito atrasado[131]. O comissário europeu da Justiça, Didier Reynders, sublinha que "é uma questão de urgência que a Procuradoria Europeia se erga e avance", e, neste momento, "o passo mais urgente é a nomeação pelos Estados-membros dos seus procuradores delegados, pois as atividades operacionais da Procuradoria não podem arrancar sem eles", por isso, insiste com os Estados-Membros para que acelerem o processo de nomeações com urgência, de modo a que esteja concluído durante o mês de abril, para que a Procuradoria possa iniciar funções "neste semestre". Tendo em conta as circunstâncias, o comissário da Justiça considera que "não é necessário ter todos os 140 procuradores delegados já em funções" para que a Procuradoria possa começar a trabalhar, ainda que tenha de ser adotada uma "solução intermédia", com menos procuradores por Estado-Membro[132].

[129] Comunicado de imprensa do Conselho da União Europeia, 14 de outubro de 2019. Disponível: Procuradoria Europeia: https://www.consilium.europa.eu/pt/press/press-releases/2019/10/14/eu-public-prosecutor-s-office-eppo-laura-codruta-kovesi-to-become-the-first-european-chief-prosecutor/ (última consulta a 31-05-2021).

[130] Artigo do jornal *Observador*, 29 de janeiro de 2021. Disponível: https://observador.pt/2021/01/29/presidencia-da-ue-atraso-na-escolha-de-procuradores-delegados-pode-adiar-inicio-da-procuradoria-europeia/ (última consulta a 31-05-2021).

[131] Artigo do jornal *Observador*, 12 de março de 2021. Disponível: https://observador.pt/2021/03/12/presidencia-da-uniao-europeia-bruxelas-e-lisboa-sublinham-urgencia-no-estabelecimento-da-procuradoria-europeia/ (última consulta a 31-05-2021).

[132] Ibidem.

No final de uma videoconferência de ministros da Justiça da União Europeia, Francisca Van Dunem[133] afirmou que a presidência portuguesa do Conselho "está completamente alinhada com a Comissão" quanto à necessidade de "pôr a Procuradoria Europeia a funcionar no mais curto espaço de tempo", considerando a entrada em funcionamento deste órgão, que tem já sinalizado pelos Estados-Membros fundadores, um número próximo dos três mil processos para investigar[134], como "um desígnio da União"[135].

Assim, acelerado o processo que permitiria à Procuradoria Europeia exercer as funções para que foi instituída, esta entrou em funcionamento no dia 1 de junho de 2021[136].

1.3. Competência Material

A Comissão Europeia, já na proposta que apresentou em 2013[137], definia, no seu artigo 12.º, a competência material da PE, limitando-a à proteção dos interesses financeiros da União. Para Margarida Santos, tal decisão transpareceu a necessidade de obtenção de consenso político, face aos argumentos existentes, que espelhavam, direta ou indiretamente, a vontade na "manutenção da soberania penal dos Estados-Membros, perspetivada, se bem interpretamos, enquanto fundamento da jurisdição penal do Estado"[138]. Perante a resistência à necessidade de instituir um Ministério Público Europeu, a Comissão justificou o âmbito de atuação material

[133] Ministra da justiça portuguesa.

[134] Consultar a página https://www.eppo.europa.eu/en/news/1-june-2021-eppo-starts-operations-what-does-mean-you (última consulta a 27-07-2021) e a página https://www.portugal2020.pt/content/procuradoria-europeia-ja-tem-3-mil-processos-para-investigar (última consulta a 01-05-2021).

[135] Artigo do jornal *Observador*, 12 de março de 2021. Disponível: https://observador.pt/2021/03/12/presidencia-da-uniao-europeia-bruxelas-e-lisboa-sublinham-urgencia-no-estabelecimento-da-procuradoria-europeia/ (última consulta a 01-05-2021).

[136] Consultar o artigo do jornal *Observador*. Disponível: https://observador.pt/2021/06/01/procuradoria-europeia-entra-esta-terca-feira-em-funcionamento/ (última consulta 09/06/2021).

[137] Vd. Proposta de Regulamento do Conselho que institui a Procuradoria Europeia, COM (2013) 534 final, Bruxelas, 17/07/2013. Disponível: https://eur-lex.europa.eu/legal-content/PT/TXT/PDF/?uri=CELEX:52013PC0534&from=pt (última consulta a 01/06/2021).

[138] Cf. Santos, Margarida, Para um (novo) modelo de intervenção penal na União Europeia:

da Procuradoria Europeia em torno da defesa dos interesses financeiros da União com a necessidade de fazer face ao contexto de crise económica e financeira e com a necessidade de controlo do orçamento público em geral e, em particular, da União[139].

Outro fator abonatório da existência de uma PE é o facto dos crimes europeus colocarem problemas aos procuradores devido às suas complexidades específicas, algo que seria ultrapassado com as investigações especializadas e territorialmente alargadas que a PE poderia efetuar, pois, a dificuldade de combater os crimes europeus reside, essencialmente, na recolha de provas da atividade criminosa que, normalmente, se encontram dispersas em mais do que um Estado-Membro, ultrapassando assim a jurisdição de qualquer procuradoria nacional[140]. Clarificando, para o normal desenvolvimento de um processo até à fase de julgamento, é essencial que, finda a fase de inquérito, o procurador tenha obtido provas suficientemente sólidas que possam ser utilizadas em juízo demonstrativas da natureza e extensão da atividade criminosa. Para dificultar, ainda mais, a já árdua missão de investigar crimes transnacionais, é preciso ter presente que os casos europeus podem, naturalmente, envolver ainda Estados terceiros, o que significa que a sua cobertura territorial pode ser, de facto, muito alargada, ou seja, os procuradores que investigam aspetos de tais casos podem enfrentar desafios geográficos e jurisdicionais muito significativos. Posto isto, poder-se-á depreender que a obtenção de assistência de outras jurisdições é, portanto, uma questão decisiva[141]. Deste modo, a PE estaria melhor preparada para responder às adversidades que os crimes europeus suscitam.

Com base no exposto anteriormente, será seguro afirmar que a impunidade dos agentes que cometem "serious crimes", afetando dois ou mais Estados-Membros, constitui um forte motivo justificativo da necessidade

uma reflexão a partir do princípio da legalidade como limite material de atuação da Procuradoria Europeia, ed. Rei dos Livros, 2016, p. 296.

[139] Ibidem.

[140] L. Wade, Marianne, "A European public prosecutor: potential and pitfalls", *in Crime, Law and Social Change*, ed. Springer, 2013, p.449. Disponível: https://link.springer.com/content/pdf/10.1007/s10611-012-9406-x.pdf (última consulta a 03/06/2021).

[141] Ibidem.

de criação de um Ministério Público Europeu, visto que os referidos crimes acabam por não ser satisfatoriamente investigados, não sendo dado início aos devidos processos judiciais[142].

Ultrapassada a barreira da necessidade de instituir um Ministério Público Europeu, levanta-se a questão de como definir a sua competência. Porquê os crimes lesivos dos interesses financeiros da União? Para responder a tal questão, começar-se-á por analisar o artigo 86.º do TFUE que, no seu número 1, prevê a criação de uma PE a partir da Eurojust, levantando o véu da base legal para a criação deste órgão. No entanto, o referido artigo é omisso quanto ao âmbito exato da "*ratione materiae*" da competência da PE, uma vez que contém, num texto formulado de forma ambígua, uma referência limitada[143] a uma definição pouco aprofundada de "combate às infrações lesivas dos interesses financeiros da União".

Posto isto, atente-se, agora, ao artigo 325.º do TFUE. O número 1 do referido artigo refere-se ao combate às "fraudes e quaisquer outras atividades ilegais lesivas dos interesses financeiros da União", consistindo na base legal para a tomada de medidas a fim de assegurar uma "proteção efetiva" e um "efeito dissuasor". Além disso, importa acrescentar que o supramencionado artigo pode, também, servir de base a diretivas e regulamentos acerca da matéria em causa[144], isto é, de medidas que facilitem o combate às infrações lesivas dos interesses da União.

Averiguaremos, de seguida, qual o "fascínio" do legislador e, em consequência, da Comissão, para elegerem as infrações lesivas dos interesses financeiros da União como o crime (mais) merecedor da atenção deste novo órgão europeu.

[142] Ibidem, p.448.

[143] VERVAELE, J.A.E., "The material scope of competence of the European Public Prosecutor's Office: Lex uncerta and unpraevia?", *in ERA Forum*, ed. Springer, 2014. Disponível: https://link.springer.com/article/10.1007/s12027-014-0338-z (última consulta a 03/06/2021).

[144] VERVAELE, A.E. JOHN, "The material scope of competence of the European Public Prosecutor's Office: Lex uncerta and unpraevia?", *in ERA Forum*, ed. Springer, 2014. Disponível: https://link.springer.com/article/10.1007/s12027-014-0338-z (última consulta a 03/06/2021).

De acordo com um estudo realizado com a finalidade de aferir a eventual necessidade de um modelo de justiça penal a nível europeu[145], denominado de EuroNEEDs, os entrevistados tenderam, na sua maioria, a ser muito hesitantes em responder a perguntas relativas à atual taxa de resposta do sistema penal relativamente aos crimes europeus. Acima de tudo, salientaram a falta de conhecimento sobre as cifras negras, isto é, a existência de um número de infrações penais desconhecidas oficialmente pelas autoridades, por não terem sido denunciadas, por exemplo. Os profissionais da Eurojust, da Europol e do OLAF entrevistados também não estavam, na sua maioria, dispostos a especular. É, ainda, de salientar que todos aqueles que deram uma resposta relativamente aos crimes lesivos dos interesses financeiros da União, indicaram claramente que apenas uma minoria do crime está a ser tratada[146], o que nos permite fazer a ponte que liga a competência material da PE aos interesses financeiros da União.

Poderá considerar-se que os relatórios do OLAF tiveram, também, um papel impulsionador para a definição da competência material da PE, pois demonstraram a insuficiência da atuação das autoridades nacionais para fazer face a este tipo de criminalidade. A título de exemplo, atente-se ao relatório anual do OLAF de 2013, que expõe a situação financeira da União e os atos lesivos dos interesses financeiros da mesma durante o período de tempo em que as negociações da estipulação da competência material da PE foram decisivas. Através do referido documento verifica-se uma recomendação de recuperação pelas autoridades competentes de um total de 402,8 milhões de euros, em comparação com os 284 milhões de euros recomendados em 2012, demonstrando também, num gráfico comparativo que compreendia os anos de 2010 a 2013, que a maioria das recomendações se centrava na área financeira, verificando-se uma enorme discrepância desta área para as restantes nos anos de 2012 e 2013, sendo que, num total de 199 recomendações feitas no ano

[145] Cfr. L. Wade, Marianne, EuroNEEDs, no Max Planck Institute for Foreign and International Criminal Law, co-financiado pelo Programa Hercule II da Comissão Europeia.

[146] L. Wade, Marianne, "A European public prosecutor: potential and pitfalls", *in Crime, Law and Social Change*, ed. Springer, 2013, p.448. Disponível: https://link.springer.com/content/pdf/10.1007/s10611-012-9406-x.pdf (última consulta a 03/06/2021).

de 2012, 116 verteram sobre a matéria financeira, número que aumentou ainda mais no ano de 2013 pois, num total de 353 recomendações feitas, 233 referiam-se à área financeira[147]. Estipulada em 2013, a necessidade de combater os atos lesivos dos interesses financeiros da União mantém-se, tal como comprova o relatório do OLAF de 2019, numa tabela comparativa do período compreendido entre os anos de 2015 e 2019, demonstrando um elevado número de recomendações, concentrando-se a sua maioria na área financeira. Consta, também, do referido relatório, uma tabela que expõe uma percentagem crescente, entre 2015 e 2019, de investigações em curso com uma duração de mais de 20 meses, alcançando os 29% em 2019, verificando-se um aumento de 7% relativamente ao ano anterior[148]. Poder-se-á encarar estas estatísticas como a demonstração matemática da insuficiência da atuação das autoridades nacionais no combate às infrações penais lesivas dos interesses financeiros da União, dissipando qualquer dúvida restante.

Determinada a competência material, revela-se essencial saber quais as ofensas que consubstanciam infrações lesivas dos interesses financeiros da União, pois tal é condição para a PE iniciar a sua atuação, visto que "*nullum crimen, nulla poena sine lege praevia*". Além disso é, também, importante que qualquer cidadão possa, querendo, ter conhecimento dos crimes que caem no âmbito de atuação da PE e quais as penas a si inerentes[149].

A discussão de determinação dessas medidas pode afigurar-se menos complexa do que na realidade demonstrou ser, pois é necessário ter em conta que a única semelhança entre as infrações cometidas nos vários Estados-Membros é a forma de cometer os delitos, enquanto que a área em que são detetadas as irregularidades varia consoante o país em cujo território os referidos delitos ocorreram. Clarificando, é natural consi-

[147] Relatório anual do OLAF de 2013, pp. 20 e 21. Disponível: https://ec.europa.eu/anti-fraud/sites/default/files/docs/body/olaf_report_2013_fr.pdf (última consulta a 01/06/2021).

[148] Relatório anual do OLAF de 2019, p. 53. Disponível: https://ec.europa.eu/anti-fraud/sites/default/files/olaf_report_2019_fr.pdf (última consulta a 01/06/2021).

[149] VERVAELE, A.E JOHN, "The Material Scope of Competence of the European Public Prosecutor's Office: A Harmonised National Patchwork" *in European Criminal Justice in the Post-Lisbon Area of Freedom, Security and Justice*, Università degli Studi di Trento, 2014, p. 269.

derar que o âmbito da prática de determinado crime é condicionado por vários fatores, tais como geográficos, históricos e culturais[150]. O exposto revela que, num aparte, tendo em conta as caraterísticas específicas de cada país, a cooperação dos Estados-Membros com a futura PE será fundamental para o melhor funcionamento desta.

Finda a discussão, a competência material da PE ficou estabelecida no artigo 22.º do Regulamento, que, no seu número 1, assume-se competente em relação às infrações penais lesivas dos interesses financeiros da União que estão previstas na Diretiva PIF. Deste modo, o Regulamento não definiu quais são as infrações abrangidas pelo seu âmbito de competência nem estabeleceu concretamente as medidas para combater as referidas infrações, remetendo para outro documento legal.

No entanto, poder-se-á considerar que a Diretiva PIF originou um verdadeiro Código Penal Europeu para os crimes da competência da PE? Analisar-se-á, muito sucintamente, o conteúdo da mesma para dissipar tal dúvida. Assim, a Diretiva PIF define, nos seus artigos 3.º e 4.º, quais os comportamentos considerados fraude lesiva dos interesses financeiros da União, divididos entre aqueles que "respeitam a despesas não relacionadas com contratação pública", tal como previsto na alínea a) do número 2 do artigo 3.º da Diretiva PIF, aqueles que respeitam a "despesas relacionadas com contratação pública", nos termos da alínea b) da mesma disposição legal, aqueles que respeitam a "receitas distintas das receitas provenientes dos recursos próprios do IVA", segundo a alínea c) do texto legal supramencionado, e aqueles que respeitam a "receitas provenientes dos recursos próprios do IVA", como consta da alínea d) do já mencionado dispositivo legal.

É importante salientar que, contrariamente ao que sucede relativamente às restantes infrações, as que respeitam a receitas provenientes de recursos próprios do IVA ficam condicionadas pelo cumprimento de dois requisitos, impostos pelo próprio Regulamento, no seu artigo 22.º, n.º 1, *in fine*, que consistem no facto dos atos ou omissões estarem "relaciona-

[150] JELISAVAC TROŠIĆ, SANJA E KOSTIĆ, JELENA, "Establishing the European Public Prosecutor's Office and Suppression of Criminal Offenses Against the EU Financial Interests" *in EU and Comparative Law Issues and Challenges Series*, 2019, p. 696. Disponível: https://doi.org/10.25234/eclic/9026 (última consulta a 31-05-2021).

dos com o território de dois ou mais Estados-Membros e envolvam prejuízos total de pelo menos 10 milhões" de euros. Contudo, contemplar o IVA no elenco das competências da PE constituiu uma exceção, pois a PE não é competente em matérias de infrações penais relacionadas com impostos diretos nacionais, de acordo com o número 4 do mesmo artigo.

Contudo, num aparte, não foi pacífica a inclusão de infrações relacionadas com o IVA, como consta do texto final do Regulamento, tendo tal matéria sido alvo de inúmeras discussões, que terminaram com desacordos intransponíveis sobre a inclusão da fraude relacionada com o IVA no âmbito de aplicação do projeto de diretiva. Esta questão apenas foi ultrapassada devido a uma decisão tomada através de um acórdão do TJEU, sobre uma questão prejudicial que foi remetida ao Tribunal de Justiça pelo tribunal italiano *Tribunale di Cuneo*, no contexto de um processo penal contra o Sr. Taricco[151] e outros por terem formado e organizado uma conspiração para cometer várias infrações em relação ao IVA[152].

Finda a discussão e introduzida a disposição relativa à competência da PE relativamente a infrações relacionadas com receitas provenientes dos recursos próprios do IVA, o foco recairá, muito brevemente, sobre os requisitos cumulativos que o Regulamento prevê para que essas infrações recaiam no âmbito da competência da PE. Na opinião de R. Sicurella, o valor quantitativo escolhido, correspondente a um mínimo de 10 milhões de euros em danos totais afigura-se demasiado elevado e continua a sê-lo, mesmo à luz do considerando (4) que esclarece que este valor refere-se não só aos danos causados à União, mas aos "prejuízos estimados resultantes de todo o esquema fraudulento", respeitantes tanto aos interesses financeiros da União como dos Estados-Membros em causa[153].

Posto isto, caberá às autoridades nacionais informar a PE sobre os casos concretos, o que, devido à sua natureza variável e à falta de coope-

[151] Acórdão do Tribunal de Justiça, de 5 de dezembro de 2017, pedido de decisão prejudicial da Corte costituzionale, Itália, processo penal contra M.A.S., M.B., Processo C-42/17, JO – 52/12, de 12 de fevereiro de 2018. Disponível: https://eur-lex.europa.eu/legal-content/pt/TXT/PDF/?uri=uriserv%3AOJ.C_.2018.052.01.0012.01.POR (última consulta a 04/06/2021).

[152] Sicurella, Rosaria, "A Blunt Weapon for the EPPO? Taking the Edge Off the Proposed PIF Directive", *in Shifting Perspectives on the European Public Prosecutor's Office*, coord. Willem Geelhoed, Leendert H. Erkelens, Arjen W.H. Meij, ed. Springer, 2018, p. 118.

[153] Ibidem.

ração entre Estados-Membros, se revela bastante complexo e leva a que as referidas autoridades não consigam ter uma visão global dos factos. O exposto dificultará a tarefa das autoridades de avaliar se o valor estipulado pela Diretiva PIF de pelo menos 10 milhões de euros, isto é, um dos requisitos necessários para que uma infração relacionada com o IVA caiba no âmbito de competência da PE, tal como supramencionado, é atingido. Assim, a competência da PE fica dependente dessa avaliação por parte das autoridades nacionais e da efetiva comunicação destas à PE, que, por sua vez, deve confiar na informação que lhe for transmitida para decidir iniciar a investigação[154]. Além disso, o requisito de que uma infração lesiva dos interesses financeiros da União relacionada com o IVA tem de ter uma natureza transnacional afeta a ideia original da PE como uma autoridade de investigação europeia. Tendo em conta que a competência da PE deve basear-se na natureza do interesse protegido, o número de Estados-Membros em que os atos foram cometidos deveria ser irrelevante para cair no âmbito de competência deste novo órgão europeu[155].

Findo o aparte, releva ainda mencionar que o artigo 4.º elenca "outras infrações penais lesivas dos interesses financeiros da União", tais como o branqueamento de capitais, de acordo com o número 1 desse artigo, a corrupção ativa e passiva, nos termos do número 2, e a apropriação ilegítima, plasmada no número 3 do referido artigo.

Além do exposto, a PE é competente para investigar qualquer infração penal que esteja "indissociavelmente ligada" a uma conduta criminosa abrangida pela competência da PE, tal como dispõe o número 3 do artigo 22.º da PE, excluindo, de imediato, as infrações indissocialvelmente ligadas às infrações relacionadas com impostos diretos nacionais, visto que estas, com exceção do IVA, não estão abrangidas pela competência da PE, como mencionado anteriormente e plasmado no número 4 do referido artigo. Para José P. Ribeiro de Albuquerque, a competência acessória é um "calcanhar de Aquiles" para a PE e saber como se fará a repartição dessas competências ainda é um enigma[156].

[154] Ibidem, p. 121.

[155] Ibidem, p. 122.

[156] Albuquerque, José P. Ribeiro de, "EPPO – Building Federal? A instituição da Procuradoria Europeia e os Estatutos dos Ministérios Públicos dos EM da UE: Parâmetros Mínimos

Apesar de ser uma figura um tanto controversa, a competência acessória visa uma utilização eficiente dos recursos e uma melhor administração da justiça[157], dado que o ataque aos interesses financeiros da União não é geralmente cometido isoladamente, mas em conjunto com outros crimes.

Tal como referido anteriormente, o Regulamento prevê que a PE poderá ser competente para investigar e processar outras infrações além das previstas no número 1 do artigo 22.º, ou seja além de infrações lesivas dos interesses financeiros da União, se cumprirem determinados requisitos, tais como, estas outras infrações estarem *indissociavelmente ligadas* (itálico nosso) às primeiras, ambas as infrações se basearem nos mesmos factos e a infração lesiva dos interesses financeiros da União ser preponderante. Deste modo, a competência acessória da PE é determinada de acordo com critérios rigorosamente determinados e numa base caso a caso[158].

Como plasmado no considerando (56) do Regulamento, a PE poderá, ainda, ter o direito de exercer a sua competência no caso de infrações indissociavelmente ligadas a infrações lesivas dos interesses financeiros da União, caso ambas as infrações assentem nos mesmos factos e seja notório que a infração indissociavelmente ligada tenha um caráter assessório, ou seja, é meramente instrumental para a infração lesiva dos interesses financeiros da União, sendo, até, cometida com a principal finalidade de criar as condições necessárias para cometer a infração lesiva dos interesses financeiros da União, que assume o caráter principal, como por exemplo, uma "infração estritamente destinada a garantir os meios materiais ou legais para cometer a infração lesiva dos interesses financeiros da União, ou para assegurar o lucro ou o produto da mesma".

de Independência", *in Os Novos Desafios da Cooperação Judiciária e Policial da União Europeia e da Implementação da Procuradoria Europeia*, Coord. Margarida Santos, Mário Ferreira Monte e Fernando Conde Monteiro, Centro Interdisciplinar em Direitos Humanos da Escola de Direito da Universidade do Minho, 2017, p. 142.

[157] ALEXANDROVA, VERA, "Presentation of the Commission's Proposal on the Establishment of the European Public Prosecutor's Office" *in The European Public Prosecutor's Office – An Extended Arm or a Two-Headed Dragon?*, Coord. L.H. Erkelens, A.W.H. Meij, M. Pawlik, Haia, Ed. Springer, 2015. p. 17.

[158] Ibidem.

É importante salientar que a previsão da competência acessória para certos casos não deve ser entendida como uma extensão das competências da PE[159], tal como previsto no número 4 do artigo 86.º do TFUE, pois esta disposição refere-se objetivamente à criminalidade grave e transfronteiriça, como por exemplo, ao tráfico de seres humanos, terrorismo, entre outras, plasmadas no texto do artigo 83.º, n.º 1 do TFUE. Assim, dificilmente esses crimes poderiam ser cometidos em auxílio à atividade lesiva dos interesses financeiros da União e com base nos mesmos factos. Nesse sentido, a previsão da competência acessória da PE não contorna o artigo 86.º, n.º 4 do TFUE, apenas visando evitar a duplicação desnecessária de investigações e ações judiciais, em vez de separar artificialmente os casos[160].

Retomando a análise da Diretiva PIF, é, ainda, relevante mencionar que apesar de terem sido definidos os crimes abrangidos pelo âmbito de competência da PE, não foi estabelecida uma moldura penal abstrata para nenhum desses crimes. O mais aproximado ao atrás descrito está plasmado nos artigos 7.º e 9.º da Diretiva PIF, relativo às sanções aplicáveis às pessoas singulares e coletivas, respetivamente. Importa, também, acrescentar que a presente análise incidirá exclusivamente nas sanções previstas pelo artigo 7.º. Apesar do título do artigo, não são previstas sanções concretas, mas apenas estabelecidos limites máximos para definição da moldura penal abstrata, ficando o resto a cargo do legislador nacional, como dispõem os números 2, 3 e 4 do referido artigo.

Além do exposto, a Diretiva PIF inclui, no seu artigo 12.º regras mínimas sobre os prazos de prescrição, nos quais o caso deve ser investigado e processado[161], com a finalidade de evitar situações de impunidade devido

[159] Alexandrova, Vera, "Presentation of the Commission's Proposal on the Establishment of the European Public Prosecutor's Office" *in The European Public Prosecutor's Office – An Extended Arm or a Two-Headed Dragon?*, Coord. L.H. Erkelens, A.W.H. Meij, M. Pawlik, Haia, Ed. Springer, 2015. p. 18.

[160] Ibidem.

[161] Triunfante, Luís Lemos, "O controlo judiciário dos atos processuais e decisões da Procuradoria Europeia. Uma arquitetura disruptiva e resiliente?", *in Os Novos Desafios da Cooperação Judiciária e Policial da União Europeia e da Implementação da Procuradoria Europeia*, Coord. Margarida Santos, Mário Ferreira Monte e Fernando Conde Monteiro, Centro Interdisciplinar em Direitos Humanos da Escola de Direito da Universidade do Minho, 2017, p. 198.

a requisitos formais, concretamente por prescrição, como sucedeu no famoso caso *Taricco*[162].

Deste modo, poder-se-á afirmar que os crimes e sanções explanados na Diretiva PIF procuram reduzir as diferenças entre a legislação penal nacional de cada Estado-Membro para melhor combater os crimes contra o orçamento da União[163].

Sintetizando o anteriormente descrito, em jeito de conclusão, será seguro afirmar que o texto atual da Diretiva PIF terá um impacto significativo para a PE, no cumprimento das suas funções. No entanto, tal impacto poderá limitar a PE no desempenho das suas funções enquanto órgão de investigação verdadeiramente europeu, tendo em conta que as infrações previstas na Diretiva PIF foram concebidas para serem o núcleo da competência da PE e que, tal como se interpreta do referido diploma legal, o âmbito exato da competência deste órgão europeu emergirá da legislação nacional, sendo decisivo para estabelecer os limites da responsabilidade individual no caso concreto, o que afeta, naturalmente, o objetivo de proteger interesses supranacionais[164].

O próximo capítulo focar-se-á em alguns dos interesses supranacionais que ficam prejudicados com o atual nível de proteção existente, isto é, a nível meramente nacional, o que levará a indagar se as formas de criminalidade adiante explanadas não seriam mais eficazmente combatidas por um órgão capaz de exercer a ação penal a nível transnacional, como a PE.

[162] Acórdão do Tribunal de Justiça, de 5 de dezembro de 2017, pedido de decisão prejudicial da Corte costituzionale, Itália, processo penal contra M.A.S., M.B., Processo C-42/17, JO – 52/12, de 12 de fevereiro de 2018. Disponível: https://eur-lex.europa.eu/legal-content/pt/TXT/PDF/?uri=uriserv%3AOJ.C_.2018.052.01.0012.01.POR (última consulta a 04/06/2021).

[163] Csonka, Peter, "General presentation of the proposal and main issues: the state of negotiations, solutions reached and main issues to be resolved", *in Os Novos Desafios da Cooperação Judiciária e Policial da União Europeia e da Implementação da Procuradoria Europeia*, Coord. Margarida Santos, Mário Ferreira Monte e Fernando Conde Monteiro, Centro Interdisciplinar em Direitos Humanos da Escola de Direito da Universidade do Minho, 2017, p. 71.

[164] Sicurella, Rosaria, "A Blunt Weapon for the EPPO? Taking the Edge Off the Proposed PIF Directive", *in Shifting Perspectives on the European Public Prosecutor's Office*, coord. Willem Geelhoed, Leendert H. Erkelens, Arjen W.H. Meij, ed. Springer, 2018, p. 121.

Capítulo II
Criminalidade Grave com Dimensão Transfronteiriça a Operar na UE

2.1. Terrorismo

Começar-se-á por concentrar a atenção em torno do conceito de terrorismo. Este é verdadeiramente difícil de definir, tendo sido fonte de controvérsia no meio académico e político há já vários anos[165]. Na tentativa de encontrar uma definição universal de terrorismo, existem diversos entendimentos acerca do referido conceito. Alguns estudiosos que se debruçam sobre o tema chegam, inclusive, a afirmar que é simplesmente impossível definir o termo, tratando-se de algo que o espectador apenas reconheceria quando se deparasse com tal situação, apontando os muitos e variados meios e métodos que poderiam ser descritos como atos terroristas[166]. Contudo, Ziyanda Stuurman considera que ceder à tentação de deixar a definição do conceito indefinida e ampla não é uma opção ou solução viável para a complexidade do problema[167].

Nessa sequência, importa referir que existem várias definições que foram sendo estabelecidas ao longo dos anos. Uma delas baseia-se na origem da própria palavra. A palavra "terror" surgiu na língua inglesa como a descrição das ações dos revolucionários franceses contra os seus inimigos internos em 1793 e 1794, referindo-se muito especialmente à repressão sob a forma de execuções. Nesta época, o terrorismo foi literalmente definido como um governo por intimidação e uma política destinada a atingir

[165] Stuurman, Ziyanda, "Terrorism as Controversy: The Shifting Definition of Terrorism in State Politics", 2019, p. 1. Disponível: https://www.e-ir.info/2019/09/24/terrorism-as-controversy-the-shifting-definition-of-terrorism-in-state-politics/ (última consulta a 09/06/2021).

[166] Ibidem.

[167] Ibidem.

o terror naqueles contra quem é adotado[168]. A última metade desta definição inicial de terrorismo tem persistido através da história e da política mundiais, verificando-se o convergir de opiniões relativamente à ideia de que o objetivo do terrorismo é aterrorizar, com o ato de o fazer assumido historicamente por uma força organizada[169].

A par do terror e da intimidação, existem outros fatores frequentemente considerados cruciais para determinar em que medida as ações praticadas por um grupo ou por um indivíduo constituem ou não terrorismo[170]. Os mencionados fatores não se limitam à violência e consubstanciam danos e ameaças, aleatoriedade ou violência indiscriminada, motivações políticas, ataque a civis, não combatentes, os comummente denominados "inocentes", e tentativas deliberadas de divulgar atos de terror[171].

Não sendo possível analisar todas as definições de terrorismo, e tendo em conta as definições supramencionadas, poder-se-á afirmar que o fundamento de qualquer definição de terrorismo é que se trata de um ato ou de um conjunto de ações que envolvem a ameaça ou o uso da força e da violência com o objetivo de alcançar certos resultados pré-determinados[172].

Tendo em consideração a definição de terrorismo anteriormente exposta, observa-se uma relação entre a ameaça ou o uso da força e da violência com o objetivo de alcançar certos resultados pré-determinados, e entre o fenómeno da "political violence"[173], que pode ser definida como a violência fora do controlo do Estado que é politicamente motivada. Este fenómeno é geralmente encarado como uma espécie de movimento de massas e coletivista de luta política que se manifesta nas mais variadas formas, tais como revoluções, guerra civil, motins e greves, mas que também se pode manifestar em movimentos de protesto mais pacíficos. O elemento essencial de distinção entre o terrorismo e a violência política é

[168] Ibidem.
[169] Ibidem.
[170] Ibidem.
[171] Ibidem.
[172] Ibidem, p. 2.
[173] Ibidem, p. 4.

o facto de esta ser motivada por questões políticas.[174] Um exemplo desse tipo de terrorismo é a ETA, ou seja, *Euskadi Ta Askatasuna*, nome basco para Pátria Basca e Liberdade, que consiste numa organização terrorista que lutava pela independência do País Basco, que seria constituído por partes de território pertencentes ao norte de Espanha e ao sudoeste de França[175]. A referida organização declarou um cessar-fogo em 2010, anunciou o seu desarmamento em 2017 e dissolveu-se definitivamente em 2018[176].

No entanto, a história da política foi demonstrando ao longo do tempo que aqueles definidos como grupos terroristas podem acabar por ser reconhecidos enquanto opositores políticos legítimos dos Estados contra os quais lutaram. O exemplo mais gritante da história moderna de um indivíduo que passa de terrorista a libertador e líder político, é provavelmente, o que sucedeu na África do Sul, com Nelson Mandela a encarnar pessoalmente a mudança de paradigma que ocorre quando os terroristas são considerados lutadores políticos racionais com os quais podem ser negociadas e alcançadas soluções políticas[177].

Para concluir a problemática da definição de terrorismo, salientar-se-á a importância dos casos supramencionados enquanto ilustradores da natureza verdadeiramente complexa e controversa da definição de terrorismo, que varia ao longo do tempo e depende do contexto[178], podendo consubstanciar uma linha cinzenta entre o bem e o mal.

Ultrapassada a questão da definição de terrorismo, importa fazer menção aos vários tipos de terrorismo existentes. Assim, o terrorismo pode ser considerado cirúrgico, caso o objetivo seja eliminar um inimigo específico, ou aleatório, caso se trate de assustar a população em geral. Normalmente é premeditado, pode causar ferimentos graves ou a morte

[174] Ibidem.

[175] Consultar artigo do jornal BBC News. Disponível: https://www.bbc.com/news/world-europe-11183574 (última consulta a 17/06/2021).

[176] Consultar artigo do jornal *Observador*. Disponível: https://observador.pt/2018/05/02/eta-anuncia-o-seu-fim-60-anos-depois/ (última consulta a 17/06/2021).

[177] Stuurman, Ziyanda, "Terrorism as Controversy: The Shifting Definition of Terrorism in State Politics", 2019, p. 5. Disponível: https://www.e-ir.info/2019/09/24/terrorism-as-controversy-the-shifting-definition-of-terrorism-in-state-politics/ (última consulta a 17/06/2021).

[178] Ibidem.

dos seus alvos[179] e gera sempre vítimas, pois é necessário ter em conta o impacto psicológico de uma reação forçada, movida pelo medo.

Estima-se que o principal objetivo dos atos terroristas se centre na desestabilização do sistema. Podem pretender pôr em causa o governo de um país ou amedrontar a opinião pública. Geralmente defendem um ideal político ou religioso e tentam inverter a culpabilidade dos atacantes para as vítimas, através de publicidade enganosa e gratuita, conseguida através do ato em si ou da cobertura mediática, ou de propaganda desenhada para o efeito. Assim, poder-se-á considerar que o terrorismo visa produzir efeitos reais, afastando-se da mera delinquência[180].

Além do mencionado, importa salientar que os migrantes podem ser terroristas e os terroristas podem ser migrantes numa série variada de casos. Por exemplo, muitas vezes, alguns jihadistas que não podem regressar ao seu país de origem sem serem presos migram de um teatro de guerra jihadista para o seguinte[181].

Noutras situações, alguns migrantes económicos são raptados e forçados pelos terroristas a juntarem-se às suas fileiras. Esta prática é utilizada de igual modo para raptar crianças e mulheres[182].

Existem também os casos de combatentes estrangeiros que se veem envolvidos em atos de terrorismo, incluindo terrorismo suicida, ao migrarem de volta aos seus países de origem como parte dos fluxos de refugiados[183].

Por causa dos exemplos referidos e não só, tem vindo a crescer a argumentação no sentido de que a chegada de grandes populações de refugiados, quando não são devidamente tratados, aumenta o risco de

[179] Sousa Galito, Maria, "Terrorismo na União Europeia", Working Paper CEsA CSG 177/2019, como o apoio da Fundação para a Ciência e a Tecnologia, p. 5.
[180] Sousa Galito, Maria, "Terrorismo na União Europeia", Working Paper CEsA CSG 177/2019, como o apoio da Fundação para a Ciência e a Tecnologia, p. 6.
[181] Olasunkami, Abidoye Rasheed; John, Emaimo Alice, "The Impact of International Migration on Security: Terrorism and Refugee in Perspective", *in International Journal of Science and Research*, vol. 7, n.º 3, 2018, p. 621. Disponível: https://www.ijsr.net/archive/v7i3/ART2018558.pdf (última consulta a 22/06/2021).
[182] Ibidem.
[183] Ibidem.

ataques no país de acolhimento, tanto por parte dos terroristas nacionais como pelos terroristas transnacionais[184].

De entre as diversas formas de terrorismo, denote-se o enfoque no jihadismo. Este é definido como uma violenta subcorrente de salafismo, isto é, um movimento muçulmano sunita de caráter reformista que rejeita a democracia e os parlamentos eleitos por motivos religiosos, argumentando que a legislação humana está em desacordo com o estatuto de Deus como o único legislador. Ao contrário de outras correntes salafistas, os jihadistas legitimam o uso da violência com uma referência às doutrinas islâmicas clássicas sobre a jihad, ou seja, a guerra santa. Assim, os jihadistas pretendem criar um Estado islâmico governado exclusivamente pela lei islâmica, a *shari'a*, tal como interpretada por eles[185].

Um dos métodos utilizados pelos jihadistas baseia-se na comparação histórica com as cruzadas cristãs da Idade Média para descrever situações atuais, seguindo a linha de pensamento de que o Islão sunita está sob ataque de uma aliança global não-muçulmana, composta por cristãos, judeus e outras religiões[186]. Nessa sequência, mesmo os governos do mundo muçulmano que estejam aliados a estes "inimigos do Islão", por exemplo através da adesão à Organização das Nações Unidas, são declarados não-muçulmanos e, portanto, transformam-se em alvos legítimos. Importa, ainda, referir que os principais representantes de grupos jihadistas são a rede Al-Qaeda e o chamado Estado islâmico[187].

Além do terrorismo jihadista, é possível encontrar o terrorismo de extrema direita. Esta forma de terrorismo procura mudar todo o sistema político, social e económico num modelo de direita extremista. Um conceito central no terrorismo de extrema de direita é a supremacia, ou seja, a ideia de que um determinado grupo de pessoas partilha de um elemento comum, seja a nação, a raça, a cultura, etc., é superior a todas as outras pessoas. Encarando-se a si mesmos numa posição de superiori-

[184] Ibidem.

[185] European Union Terrorism Situation and Trend report, 2020, Europol, p. 94. Disponível: https://www.europol.europa.eu/activities-services/main-reports/european-union-terrorism-situation-and-trend-report-te-sat-2020 (última consulta a 23/06/2021).

[186] Ibidem.

[187] Ibidem, p. 95.

dade, o mencionado grupo terrorista considera que dominar o resto da população faz parte do seu direito natural[188].

Além do referido, o terrorismo de extrema direita é alimentado por uma variedade de subculturas de ódio, comummente a lutar contra a diversidade. Estas incluem o antifeminismo, o movimento de celibato involuntário, movimentos anti-imigrantes, mas também formas de Satanismo. Estes movimentos pautam-se por comportamentos racistas, defesa de regimes autoritários, xenofobia, misoginia, hostilidade para com a comunidade LGBTQ e para com imigrantes. Alguns exemplos de grupos terroristas de extrema direita são os grupos neonazis, neofascistas e ultranacionalistas[189].

Contrariamente ao terrorismo de extrema direita, surge o terrorismo de extrema esquerda e anarquista. Os primeiros procuram, também, substituir todo o sistema político, social e económico de um Estado, distinguindo-se dos grupos de extrema direita na solução apresentada para o Estado substituto pois, estes visam a introdução de uma estrutura comunista ou socialista e de uma sociedade sem classes, ou seja, a sua ideologia é frequentemente marxista-leninista.[190]

Já o terrorismo anarquista é uma subcategoria do terrorismo de extrema esquerda e promove uma sociedade revolucionária, anticapitalista e antiautoritária. O terrorismo anarquista, regra geral, é utilizado para descrever atos violentos cometidos por grupos ou por indivíduos, ainda que em menor escala, filiados com diferentes ideologias anarquistas[191].

Além dos grupos referidos, existem os grupos terroristas separatistas, que são motivados pelo nacionalismo, pela etnia e pela religião. Os referidos grupos separatistas procuram esculpir para si mesmos um Estado que derivará de um país maior ou de um território anexo de outro país. Verifica-se nestes grupos, comummente, elementos ideológicos de esquerda ou de direita. Alguns exemplos de grupos que se inserem nesta categoria

[188] Ibidem.

[189] Ibidem.

[190] Ibidem.

[191] Ibidem.

são a IRA, isto é, o Exército Republicano Irlandês, a ETA e o Partido dos Trabalhadores do Curdistão, vulgarmente conhecido como PKK[192].

Por último, falta fazer referência aos grupos extremistas e terroristas de prática isolada. Estes utilizam meios criminosos para mudar uma política ou prática específica, não pretendendo substituir todo o sistema político, social e económico de uma sociedade. Os grupos dentro desta categoria revelam preocupações diversas, que podem passar pelos direitos dos animais, por questões ambientais, até às políticas antiaborto. Alguns exemplos de grupos pertencentes a esta categoria são a ELF, Frente de Libertação da Terra, e a ALF, Frente de Libertação Animal[193].

Historicamente, não se poderá afirmar que o terrorismo eclodiu na Europa apenas no século XXI, pois alguns Estados-Membros da União já sofriam de violência política quer por razões separatistas, quer às mãos de grupos de extrema-esquerda ou de extrema-direita[194], o que aparenta ter mudado são as motivações dos atentados terroristas, visto que, os mais recentes têm uma forte componente religiosa a par da componente política, comprovada pelo facto de o Jihadismo ter sido o principal impulsionador e responsável pela maioria dos ataques terroristas na Europa nas últimas décadas[195], como irá ser analisado mais à frente nesta reflexão.

Nessa sequência, apesar de a preocupação acerca do terrorismo não ser recente, verificou-se um aumento de intensidade sem precedentes dessa preocupação na UE[196] depois do atentado terrorista às Torres Gémeas, no *Wall Trade Center* e ao Pentágono, em Washington D.C., nos

[192] Ibidem.

[193] Ibidem.

[194] Sousa Galito, Maria, "Terrorismo na União Europeia", Working Paper CEsA CSG 177/2019, como o apoio da Fundação para a Ciência e a Tecnologia, p. 9.

[195] Ibidem, p. 10.

[196] Den Boer, Monica, "9/11 and The Europeanisation of Anti-Terrorism Policy: A Critical Assessment", in Policy Papers, N.º 6, Groupement d´ Études et de Recherches, Notre Europe, 2003, p. 1. Disponível: https://institutdelors.eu/wp-content/uploads/2018/01/policypaper6.pdf (última consulta a 24/06/2021).

EUA, no dia 11 de setembro de 2001[197], atingindo o auge após os atentados em Paris e em Bruxelas, ocorridos em 2015 e 2016, respetivamente[198].

Contextualizando, o ano de 2015 foi indubitavelmente negro para a cidade de Paris, tendo esta sido palco de vários atentados terroristas, em janeiro e em novembro. Assim, em janeiro de 2015, dois indivíduos armados entraram na redação do jornal *Charlie Hebdo* e mataram doze pessoas, afirmando terem agido para vingar o profeta Maomé da publicação feita pelo referido jornal satírico[199]. Já em novembro, ocorreram seis atentados praticamente em simultâneo. O primeiro consistiu em, pelo menos, três explosões, provocadas por bombistas-suicidas, em três restaurantes diferentes, próximos do *Stade de France*, no bairro de *Saint Denis*, onde decorria uma partida de futebol entre a França e a Alemanha, que concentrou milhares de pessoas nas bancadas do estádio. O segundo atentado, e também o mais mortífero, ocorreu na sala de espetáculos *Bataclan*. Esta foi tomada por quatro terroristas que, não só provocaram explosões, como também dispararam sobre as pessoas que se encontravam no local. O terceiro ataque verificou-se na *Rue de Charonne*, onde pelo menos duas pessoas dispararam sobre o bar *La Belle Eporque*, situado numa esquina da referida rua, tendo sido disparadas mais de cem balas durante cerca de três minutos. Os restantes atos terroristas ocorreram ao longo do canal de *Saint-Martin*, em localizações distintas. Os seis ataques foram ordenados pelo grupo extremista Estado Islâmico[200] e deles resultaram 127 mortos e mais de 200 feridos[201].

[197] Consultar a página: https://www.history.com/topics/21st-century/9-11-attacks (última consulta 24/06/2021).

[198] Nato, Alessandro, "The European Public Prosecutor's Office between counter-terrorism and strengthening of the European citizens' safety" *in Civitas Europa*, vol. 2, n.º 37, 2016, p.317. Disponível: https://www.cairn.info/revue-civitas-europa-2016-2-page-317.htm (última consulta a 24/06/2021).

[199] Cfr. artigo do jornal *Diário de Notícias*. Disponível: https://www.dn.pt/mundo/charlie-hebdo-ha-cinco-anos-o-ataque-anunciava-um-ano-de-terror-em-franca-11678351.html (última consulta a 24/06/2021).

[200] Consultar artigo do jornal *Observador*. Disponível: https://observador.pt/2016/11/09/autores-dos-atentados-de-paris-e-bruxelas-receberam-ordens-da-lideranca-do-estado-islamico/ (última consulta a 24/06/2021).

[201] Consultar artigo do jornal *Observador*. Disponível: https://observador.pt/2015/11/14/atentados-paris-resumo-do-ja-sabemos/ (última consulta a 24/06/2021).

Já em março de 2016, duas explosões ocorreram no Aeroporto Internacional de *Zaventem* e outra na estação de metro *Maelbeek*, em Bruxelas. O atentado terrorista provocou 34 mortos e mais de 200 feridos[202] e foi, a par dos atentados de Paris, ordenado pelo Estado Islâmico[203].

Infelizmente, os atentados não cessaram depois do ataque a Paris e a Bruxelas[204] e, assim, também em Berlim se fez sentir o terror quando, em dezembro de 2016[205], um terrorista entrou com um camião roubado numa praça onde estava montado um mercado de Natal, matando doze pessoas[206].

Retomando a ideia de aumento da preocupação com o terrorismo a nível da UE, constatou-se que, à data dos atentados, a União não dispunha de instrumentos adequados para prevenir possíveis atentados terroristas[207]. Constatou-se, também, que os Estados-Membros não podiam prevenir e combater tais crimes adotando medidas tomadas individualmente, pois, a eliminação progressiva dos controlos nas fronteiras dentro da União, além de facilitar a livre circulação dos cidadãos europeus, faci-

[202] Consultar artigo do jornal *Globo1*. Disponível: http://g1.globo.com/mundo/noticia/2016/03/aeroporto-de-bruxela-na-belgica-registra-explosoes.html (última consulta a 24/06/2021).

[203] Consultar artigo do jornal *Observador*. https://observador.pt/2016/11/09/autores-dos--atentados-de-paris-e-bruxelas-receberam-ordens-da-lideranca-do-estado-islamico/ (última consulta a 24/06/2021).

[204] Os atentados referidos ao longo da reflexão são a título de exemplo, não consistindo no número total de atentados que ocorreram na Europa nas últimas décadas. Na realidade, o número total de atentados é superior ao explicitado, abrangendo, também, mais Estados--Membros do que os mencionados. Tal teve o objetivo de não alongar em demasia a enumeração.

[205] Consultar artigo do *Diário de Notícias*. Disponível: https://www.dn.pt/mundo/terror--regressa-com-ataques-em-berlim-ancara-e-zurique-5561890.html (última consulta a 25/06/2021).

[206] Consultar artigo do *Diário de Notícias*. Disponível: https://www.dn.pt/mundo/um--ano-depois-mercado-de-natal-alemao-volta-a-ser-alvo-8958502.html (última consulta a 25/06/2021).

[207] Nato, Alessandro, "The European Public Prosecutor's Office between counter-terrorism and strengthening of the European citizens' safety" *in Civitas Europa*, vol. 2, n.º 37, 2016, p.317. Disponível: https://www.cairn.info/revue-civitas-europa-2016-2-page-317.htm (última consulta a 25/06/2021).

litou também a realização de atividades criminosas e terroristas com base transnacional[208].

A base transnacional encontra-se presente mesmo nas situações em que os atentados terroristas tenham sido realizados no território de um único Estado-Membro, pois a preparação necessária para cometer os referidos crimes tem lugar, normalmente, em vários Estados-Membros e em países não pertencentes à UE. Além disso, os autores que levam a cabo a atividade criminosa em causa não são apenas cidadãos de países terceiros, mas, cada vez mais, são cidadãos da União. Assim, como as redes terroristas não têm fronteiras têm mais facilidade em explorar frequentemente as diferenças entre as formas de atuação da polícia e dos sistemas judiciais dos Estados-Membros da União[209], o que lhes permite preparar os futuros crimes de forma a que as imperfeições destes sejam progressivamente reduzidas. Para concluir a ideia suspensa no parágrafo anterior, a dimensão transnacional destas novas formas de terrorismo confere ao seu combate um nível de dificuldade extremamente elevado, daí serem necessários instrumentos que não podem pertencer apenas a um único Estado-Membro[210].

Deste modo, a ocorrência dos momentos trágicos anteriormente explanados espelharam a necessidade de ir além das simples medidas de emergência, como acontecia até então. Clarificando, depois do atentado de 11 de setembro de 2001 nos EUA, os Estados-Membros da União não foram além da instituição do Mandado de Detenção Europeu[211] e da adoção da Decisão-Quadro de 2002 relativa à luta contra o terrorismo[212].

[208] Ibidem.

[209] Ibidem.

[210] Ibidem.

[211] Decisão-quadro do Conselho, de 13 de junho de 2002, relativa ao mandado de detenção europeu e aos processos de entrega entre os Estados-Membros, 2002/584/JAI, JO – L 190, 18 de junho de.2002. Disponível: https://eur-lex.europa.eu/legal-content/PT/TXT/PDF/?uri=CELEX:02002F0584-20090328&from=PT (última consulta a 28/06/2021).

[212] Decisão-quadro do Conselho, de 13 de junho de 2002, relativa à luta contra o terrorismo, 2002/475/JAI, JO – L 164/3, 22 de junho de 2002. Disponível: https://eur-lex.europa.eu/legal-content/PT/TXT/PDF/?uri=CELEX:32002F0475&from=EN (última consulta 28/06/2021). Por força da referida Decisão, os Estados-Membros da União deveriam alinhar as suas legislações e introduzir penas mínimas para as infrações que consubstanciassem atos

Numa análise resumida às medidas europeias de combate ao terrorismo, é importante salientar que, a 5 de Setembro de 2001, o Parlamento Europeu aprovou uma recomendação sobre o papel da União Europeia no combate ao terrorismo, convidando o Conselho a adotar uma decisão-quadro com vista, nomeadamente, a convidar o Conselho a "adoptar uma decisão-quadro com o objectivo de aproximar as disposições legais que consagrem regras mínimas, a nível europeu, quanto aos elementos constitutivos das infracções penais e às sanções aplicáveis no domínio do terrorismo"[213]. Menos de uma semana depois, aconteceu o atentado anteriormente explanado aos EUA e, no prazo de duas semanas, a Comissão Europeia apresentou uma proposta de decisão-quadro do Conselho relativa à luta contra o terrorismo[214], que foi adotada, com modificações, em junho do ano seguinte[215]. Tal como esperado, a proposta fez uma longa referência aos atentados nos EUA, frisando que os direitos lesados pelos atentados terroristas não são os mesmos que os direitos legais afetados por infrações comuns[216] e observou que existiam diferenças significativas no quadro legal dos diversos Estados-Membros para a prevenção e repressão de infrações terroristas em vários países da União. De facto,

terroristas. Esta Decisão foi revista pela última vez em 2017. Nesse sentido, o documento legal atualmente em vigor é a Diretiva (UE) 2017/541 do Parlamento Europeu e do Conselho, relativa à luta contra o terrorismo, de 15 de março de 2017, JO – L 88/6, 31 de março de 2017. Disponível: https://eur-lex.europa.eu/legal-content/PT/TXT/PDF/?uri=CELEX:32017L0541&from=ES (última consulta a 28/06/2021).

[213] Recomendação do Parlamento Europeu sobre o papel da União na lua contra o terrorismo (2001/2016(INI)), de 5 de setembro de 2001. Disponível: https://www.europarl.europa.eu/sides/getDoc.do?pubRef=//EP//TEXT+TA+P5-TA-2001 0421+0+DOC+XML+V0//PT (última consulta a 29/06/2021).

[214] Proposal for a Council Framework Decision on combating terrorism, JO – C 332 E/300, 27/11/2001. Disponível: https://eur-lex.europa.eu/LexUriServ/LexUriServ.do?uri=OJ:C:2001:332E:0300:0304:EN:PDF (última consulta a 29/06/2021).

[215] Decisão-Quadro do Conselho, relativa à luta contra o terrorismo, de 13 de junho de 2002, JO – L 164/3, de 22 de junho de 2002. Disponível: https://eur-lex.europa.eu/legal-content/PT/TXT/PDF/?uri=CELEX:32002F0475&from=EN (última consulta a 29/06/2021).

[216] Caeiro, Pedro; Lemos, Miguel Ângelo, "Content and impact of approximation: The case of terrorist offences", *in Approximation of substantive criminal law in the EU, The way forward*, coord. Francesca Galli, Anne Weyembergh, ed. Universidade de Bruxelas, Institut d'Etudes Europeennes, 2013, p. 153.

de acordo com a Comissão, apenas seis Estados-Membros detinham enquadramento legal para punir infrações terroristas enquanto tal[217]. Consequentemente, a criminalização das infrações terroristas como crimes autónomos foi considerada indispensável para prevenir e combater o terrorismo, como meio de alcançar o objetivo da União de proporcionar aos cidadãos um elevado nível de segurança num espaço de liberdade, segurança e justiça[218]. Por conseguinte, a adoção de uma Decisão-Quadro para a aproximação das leis substantivas dos diversos Estados-Membros era ao mesmo tempo legítima e necessária para estabelecer uma resposta comum da UE a um problema comum e também para facilitar a cooperação judiciária e policial entre os Estados-Membros a esse respeito[219].

No entanto, as medidas tomadas provaram não ser suficientemente eficazes na prevenção do que aconteceu na Europa em 2015 e 2016[220]. Para Alessandro Nato, os Estados-Membros da UE pareciam não estar dispostos a aprender com a história[221], pois, após os atentados em Paris e em Bruxelas, não foram além da criação de alguns elementos de proteção contra o terrorismo, tais como o Centro Europeu de Luta contra o Terrorismo[222], doravante CELT, isto é, um centro de operações e centro de especialização que reflete a necessidade crescente da União de reforçar a sua resposta ao terrorismo, concebido como um núcleo central da UE na luta contra o terrorismo. As funções do CELT são variadas, centrando-se em fornecer apoio operacional a pedido de um Estado-Membro da UE para investigações, em enfrentar combatentes estrangeiros, partilhar informações e conhecimentos sobre o financiamento do terrorismo, na propaganda terrorista e extremista, no tráfico ilegal de armas e, ainda, opera a nível da cooperação internacional entre as autoridades na luta

[217] Ibidem, p. 154.

[218] Ibidem, p. 153.

[219] Ibidem, p. 154.

[220] NATO, ALESSANDRO, "The European Public Prosecutor's Office between counter-terrorism and strengthening of the European citizens' safety" *in Civitas Europa*, vol. 2, n.º 37, 2016, p.318. Disponível: https://www.cairn.info/revue-civitas-europa-2016-2-page-317.htm (última consulta a 29/06/2021).

[221] Ibidem.

[222] Para mais informação consultar a página: https://www.consilium.europa.eu/pt/policies/fight-against-terrorism/ (última consulta a 29/06/2021).

contra o terrorismo[223]. Além do CELT, foi adotada a Diretiva relativa à utilização dos dados dos registos de identificação dos passageiros para efeitos de prevenção, deteção, investigação e repressão das infrações terroristas e da criminalidade grave[224] e o Regulamento que impõe medidas restritivas adicionais dirigidas ao *Daesh* (Estado Islâmico), à *Al-Qaeda* e a pessoas singulares e coletivas, entidades ou organismos a elas associados[225].

Posteriormente, em 2017, a preocupação com a luta contra o terrorismo foi reforçada através da adoção a Diretiva 2017/541 da UE relativa à luta contra o terrorismo[226], que todos os Estados-Membros da UE foram obrigados a transpor para a sua legislação nacional até 8 de setembro de 2018. A referida Diretiva especifica que as infrações terroristas são determinados atos intencionais que, dada a sua natureza ou contexto, podem prejudicar gravemente um país ou uma organização internacional quando cometidos com o objetivo de intimidar gravemente uma população, obrigar indevidamente um governo ou uma organização internacional a realizar ou a abster-se de realizar qualquer ação, desestabilizar seriamente ou destruir os alicerces do sistema político, constitucional, económico ou social de um país ou de uma organização internacional[227].

[223] Consultar a página: https://www.europol.europa.eu/about-europol/european-counter-terrorism-centre-ectc (última consulta a 30/06/2021).

[224] Diretiva (UE) 2016/681, do Parlamento Europeu e do Conselho, relativa à utilização dos dados dos registos de identificação dos passageiros (PNR) para efeitos de prevenção, deteção, investigação e repressão das infrações terroristas e da criminalidade grave, de 27 de abril de 2016, JO – L 119/132, 4 de maio de 2016. Disponível: https://eur-lex.europa.eu/legal-content/PT/TXT/PDF/?uri=CELEX:32016L0681&from=EN (última consulta a 30/06/20021).

[225] Regulamento (UE) 2016/1686 do Conselho, que impõe medidas restritivas adicionais dirigidas ao EIIL (Daexe) e à Alcaida e a pessoas singulares e coletivas, entidades ou organismos a elas associados de 20 de setembro de 2016, JO – L 255/1, 21 de setembro de 2016. Disponível: https://eur-lex.europa.eu/legal-content/PT/TXT/PDF/?uri=CELEX:32016R1686&from=EN (última consulta a 30/06/2021).

[226] Diretiva (UE) 2017/541 do Parlamento Europeu e do Conselho, de 15 de março de 2017, relativa à luta contra o terrorismo, JO – L 88/6, de 31 de março de 2017. Disponível: https://eur-lex.europa.eu/legal-content/PT/TXT/PDF/?uri=CELEX:32017L0541&from=ES (última consulta a 30/06/2021).

[227] European Union Terrorism Situation and Trend report, 2020, Europol, p. 94. Disponível:

Apesar do reforço nas medidas de segurança, os anos subsequentes provaram que os terroristas conseguiam contorná-las e continuar a espalhar o terror[228]. Assim, em abril de 2017, um indivíduo avançou com um camião a alta velocidade sobre os transeuntes, detendo-se apenas ao embater com violência contra um movimentado centro comercial contra uma multidão em Estocolmo, matando cinco pessoas e ferindo outras catorze. Concluiu-se que a motivação do atentado era punir a Suécia por se ter aliado à coligação contra o grupo extremista Daesh[229].

Pouco tempo depois, em agosto de 2017, uma carrinha atropelou vários peões que se encontravam a circular em La Rambla, ou seja, uma rua importante no centro de Barcelona. Na sequência do referido atentado faleceram, pelo menos, 13 pessoas e mais de 100 ficaram feridas, tendo a autoria do atentado sido reivindicada pelo Estado Islâmico[230].

Outro atentado ocorreu mais recentemente, em novembro de 2019, quando um indivíduo já anteriormente condenado pelo crime de terrorismo[231] esfaqueou várias pessoas na *London Bridge*[232].

Como forma de se conhecer o número e a intensidade dos atentados terroristas em cada ano nos diversos Estados-Membros, a Europol providencia um relatório anual, denominado *EU Terrorism Situation & Trend Report*, doravante TE-SAT. Assim, o referido relatório fornece uma visão geral do fenómeno do terrorismo na UE num determinado ano[233].

https://www.europol.europa.eu/activities-services/main-reports/european-union-terrorism-situation-and-trend-report-te-sat-2020 (última consulta a 30/06/2021).

[228] Os atentados a seguir descritos são meramente exemplificativos, ou seja, não são os únicos atentados que foram perpetrados no período de tempo referido.

[229] Consultar artigo do jornal *Público*. Disponível: https://www.publico.pt/2018/06/07/mundo/noticia/condenado-a-prisao-perpetua-autor-do-ataque-terrorista-com-camiao-em-estocolmo-1833570 (última consulta 30/06/2021).

[230] Consultar artigo do jornal *El País*. Disponível: https://elpais.com/elpais/2018/08/07/eps/1533650204_941291.html (última consulta a 30/06/2021).

[231] Consultar artigo do jornal *Sky News*. Disponível: https://news.sky.com/story/how-the-london-bridge-terror-attack-unfolded-11874155 (última consulta a 30/06/2021).

[232] Consultar artigo do jornal *Diário de Notícias*. Disponível: https://www.dn.pt/mundo/london-bridge-cortada-devido-a-incidente-com-tiros--11567213.html (última consulta a 30/06/2021).

[233] Para mais informações consultar a página https://www.europol.europa.eu/tesat-report (última consulta a 30/06/2021).

Resumidamente, o TE-SAT reflete a definição de cada Estado-Membro de infrações terroristas, de acordo com a legislação nacional. Assim, incidentes violentos classificados pelas autoridades nacionais como atentados terroristas, são contabilizados como tal no relatório do TE-SAT. No entanto, ainda que a taxa de condenação na UE seja geralmente elevada, o número dos detidos referentes a determinado ano pode ser diferente do número de condenações efetivas por crimes de terrorismo[234].

É importante salientar que o TE-SAT não exige que os Estados-Membros reportem sistematicamente incidentes violentos provocados por grupos extremistas que não são categorizados como terrorismo segundo a legislação nacional. No entanto, o TE-SAT menciona atos violentos e extremistas quando estes visem intimidar uma população, obrigar o governo a realizar determinada ação ou omissão, ou quando tais atos são capazes de desestabilizar seriamente ou destruir os alicerces da sociedade do Estados-Membro em que se verificam, afetando-a a nível político, constitucional, económico e social. No entanto, estes incidentes não são considerados como dados estatísticos sobre o terrorismo no relatório do TE-SAT, pois este reflete exclusivamente os incidentes relatados como terrorismo pelos Estados-Membros da União.

Além do exposto, importa mencionar que nem todos os atos extremistas precisam de ser violentos para serem considerados atos terroristas. Como forma de corroborar a presente ideia, atente-se ao facto de o TE-SAT se referir a formas não violentas de extremismo, tal como reportadas pelos Estados-Membros, caso estas tenham o potencial de incitar atos de terrorismo ou extremismo violentos[235]. O referido é possível tendo em conta, tal como analisado anteriormente nesta reflexão, a controvérsia que envolve a definição de terrorismo e pelo facto de não existir uma definição universalmente aceite de extremismo, sendo o primeiro considerado como um conjunto de táticas violentas utilizadas por extremistas e o segundo como atos que visam, geralmente, substituir o sistema demo-

[234] European Union Terrorism Situation and Trend report, 2020, Europol, p. 94. Disponível: https://www.europol.europa.eu/activities-services/main-reports/european-union-terrorism-situation-and-trend-report-te-sat-2020 (última consulta a 30/06/2021).
[235] Ibidem.

crático e alterar os princípios constitucionais e fundamentais intrinsecamente relacionados com este[236].

O exposto ao longo desta reflexão evidencia a premência de se questionar se, como a Europa se encontra, atualmente, a enfrentar uma nova e viciosa forma de terrorismo internacional, pautada pela clara mudança na estratégia do Estado Islâmico de levar a cabo atentados com especial enfoque na Europa, bem como pelo número crescente de combatentes terroristas estrangeiros, estes constituem os novos desafios que a União e os seus Estados-Membros enfrentam em termos de luta contra o terrorismo[237], indagando se a necessidade de combater esta forma de "criminalidade grave com dimensão transfronteiriça" se encontra eficazmente suprida.

2.2. Tráfico Humano

O tráfico de seres humanos[238] é um crime grave que viola os direitos fundamentais e a dignidade das pessoas[239]. A sua definição é complexa e de difícil consenso, sendo que a ONU, em 2000, deu o primeiro passo para

[236] Ibidem.

[237] Consultar a página: https://www.europol.europa.eu/about-europol/european-counter-terrorism-centre-ectc (última consulta a 30/06/2019).

[238] Ao longo desta reflexão irá ser usado o termo "tráfico humano", referente ao mesmo fenómeno.

[239] Para maiores desenvolvimentos acerca do presente tema, consultar, entre outros, United Nations, Human Rights, Office of the High Commissioner, "Human Rights and Human Trafficking", Fact Sheet N.º 36, 2014. Disponível: https://www.ohchr.org/documents/publications/fs36_en.pdf (última consulta a 27/07/2021); Ricard-Guay, Alexandra e Maroukis, Thanos, "Human Trafficking in Domestic Work in the EU: A Special Case or a Learning Ground for the AntiTrafficking Field?" *in Journal of Immigrant & Refugee Studies*, ed. Routledge, 2017. Disponível: https://www.tandfonline.com/doi/pdf/10.1080/15562948.2017.1310340?needAccess=true (última consulta a 27/07/2021); European Commission, Migration and Home Affairs, "Study on the economic, social and human costs of trafficking in human beings within the EU", 2020. Disponível: https:/ec.europa.eu/anti-trafficking/sites/antitrafficking/files/study_on_the_economic_social_and_human_costs_of_trafficking_in_human_beings_within_the_eu.pdf (última consulta a 27/07/2021); Iryna, Klymchuk, "Anti-Human Trafficking Policy of the EU" *in Young Scientist*, n.º 10, 2020. Disponível: http://molodyvcheny.in.ua/files/journal/2020/10/13.pdf (última consulta a 27/07/2021)

a universalização do conceito[240], através da publicação da Convenção das Nações Unidas contra a Criminalidade Organizada Transnacional[241] e do Protocolo adicional[242]. O referido protocolo, no seu artigo 3.º, define o tráfico humano como "o recrutamento, o transporte, a transferência, o alojamento ou o acolhimento de pessoas, recorrendo à ameaça ou ao uso da força ou a outras formas de coacção, ao rapto, à fraude, ao engano, ao abuso de autoridade ou de situação de vulnerabilidade ou à entrega ou aceitação de pagamentos ou benefícios para obter o consentimento de uma pessoa que tem autoridade sobre outra, para fins de exploração. A exploração deverá incluir, pelo menos, a exploração da prostituição de outrem ou outras formas de exploração sexual, o trabalho ou serviços forçados, a escravatura ou práticas similares à escravatura, a servidão ou a extracção de órgãos". Acresce ainda, que o "recrutamento, o transporte, a transferência, o alojamento ou o acolhimento de uma criança para fins de exploração deverão ser considerados «tráfico de pessoas»" mesmo que não envolvam nenhum dos meios suprarreferidos. Como será analisado mais à frente nesta reflexão, esta definição não é muito distinta da definição adotada pelos instrumentos legislativos da União.

Deste modo, o tráfico humano envolve a exploração criminosa de pessoas vulneráveis com o objetivo de obter lucro económico, constituindo uma forma moderna de escravatura, frequentemente de carácter transnacional em que as vítimas são de ambos os sexos e de todas as idades. O tráfico humano pode assumir várias formas, tais como a exploração sexual, incluindo a prostituição, trabalho ou serviços forçados, escravidão, servidão e práticas afins e, até, a remoção de órgãos vitais. O referido tráfico pode, também, adotar a forma de exploração para fins de crimina-

[240] Wylie, Gillian e McRedmond, Penelope, "Human Trafficking in Europe, Character, Causes and Consequences", ed. Palgrave macmillan, 2010, p. 2.

[241] Convenção das Nações Unidas contra a Criminalidade Organizada Transnacional. Disponível: https://gddc.ministeriopublico.pt/sites/default/files/documentos/instrumentos/convencao_nu_criminalidade_organizada_transnacional.pdf (última consulta a 27/07/2021).

[242] Protocolo adicional contra a criminalidade organizada transnacional relativo à prevenção, à repressão e à punição do tráfico de pessoas, em especial de mulheres e crianças. Disponível: https://gddc.ministeriopublico.pt/sites/default/files/documentos/instrumentos/protocolo_adicional_conv_nu_trafico_mulheres_criancas.pdf (última consulta a 27/07/2021).

lidade forçada, tais como carteiristas, furtos em lojas e tráfico de droga[243]. Assim, a exploração humana pode ser escondida atrás de outros delitos criminosos, tais como prostituição, migração irregular, crimes contra a propriedade ou mesmo disputas laborais. As vítimas são frequentemente exploradas de múltiplas formas, ou podem estar envolvidas em outras atividades ilícitas, resultando assim em casos de tráfico de seres humanos que não são investigados ou registados como tal. Além disso, as diferenças nas definições legais nacionais de tráfico de seres humanos dificultam a comparação e avaliação de tendências e padrões comuns em toda a UE[244].

Além do exposto, o tráfico de seres humanos está frequentemente ligado a outras formas de crime organizado, tais como contrabando de migrantes, tráfico de droga, contrabando de mercadorias, extorsão, branqueamento de capitais, fraude de documentos, fraude com cartões de crédito, crimes contra a propriedade, cibercrimes, entre outros[245]. Por esse motivo, este fenómeno criminoso complexo continua a ser sistematicamente abordado num vasto leque de áreas e iniciativas políticas da UE, desde a segurança à migração, justiça, igualdade, direitos fundamentais, investigação, desenvolvimento e cooperação, ação externa e emprego[246].

Importa ainda salientar que o tráfico de seres humanos é um crime altamente lucrativo que traz enormes lucros aos criminosos, ao mesmo tempo que acarreta um custo tremendo para a sociedade[247], provocando "dor e sofrimento incomensuráveis em milhões de pessoas vítimas dessas organizações"[248], constituindo um grande problema para a União. De acordo com a Organização das Nações Unidas, doravante ONU, é considerado a segunda fonte de lucros ilícitos para os criminosos organizados,

[243] Consultar a página: https://www.europol.europa.eu/crime-areas-and-trends/crime-areas/trafficking-in-human-beings (última consulta a 30/06/2021).

[244] Ibidem.

[245] Consultar a página: https://ec.europa.eu/home-affairs/what-we-do/policies/organized-crime-and-human-trafficking/trafficking-in-human-beings_en (última consulta a 30/06/2021).

[246] Ibidem.

[247] Ibidem.

[248] Davin, João, "A Criminalidade Organizada Transnacional – A Cooperação Judiciária e Policial na UE", ed. Almedina, 2007, p. 29.

depois dos obtidos com o tráfico de drogas[249]. Deste modo, a luta contra o tráfico humano é uma prioridade para a Europol e para as agências de aplicação da lei nos Estados-Membros da União. De facto, é uma das prioridades da Plataforma Multidisciplinar Europeia contra as Ameaças Criminosas[250], doravante EMPACT, que consiste num instrumento de luta contra criminalidade grave e organizada, através do qual os Estados-Membros, as agências e outros parceiros da União trabalham em estreita colaboração para fazer face às principais ameaças criminosas, por meio de ações operacionais conjuntas destinadas a desmantelar as redes criminosas, as suas estruturas e os seus modelos de negócio[251]. Na última década, as autoridades responsáveis pela aplicação da lei na UE assistiram a um aumento considerável do tráfico no seio dos Estados-Membros. Em 2014, por exemplo, a maioria das vítimas de tráfico de seres humanos, mais precisamente 71%, registadas na base de dados da Europol eram cidadãos da UE[252].

Para Dimitris Avramopoulos[253], é moralmente e legalmente inaceitável e indesculpável que na UE do século XXI haja seres humanos que são comprados, vendidos e explorados como mercadorias, e encara que é um dever coletivo, pessoal e legal pôr termo a esta situação, de modo a que os responsáveis sejam processados e as vítimas sejam plenamente protegidas e assistidas[254].

Num aparte, embora os padrões de tráfico de seres humanos sejam semelhantes aos observados no contrabando de pessoas, diferem na base legal, podendo ser feita uma ampla distinção entre os dois. O cerne da distinção reside no caráter voluntário que caracteriza o contrabando de

[249] Consultar a página: https://ec.europa.eu/anti-trafficking/citizens-corner/trafficking-explained (última consulta a 05/07/2021).

[250] Consultar a página: https://www.europol.europa.eu/crime-areas-and-trends/crime-areas/trafficking-in-human-beings (última consulta a 30/06/2021).

[251] Consultar a página https://www.consilium.europa.eu/pt/policies/eu-fight-against-crime/ (última consulta a 30/06/2021).

[252] Consultar a página: https://www.europol.europa.eu/crime-areas-and-trends/crime-areas/trafficking-in-human-beings (última consulta a 30/06/2021).

[253] Comissário da UE para a Migração, Assuntos Internos e Cidadania.

[254] Consultar a página: https://ec.europa.eu/anti-trafficking/eu-policy/first-report-progress-made-fight-against-trafficking-human-beings-2016_en (última consulta a 30/06/2021).

pessoas pois, regra geral, os indivíduos que pagam a um contrabandista para obter a entrada ilegal em determinado país fazem-no voluntariamente, enquanto que as vítimas de tráfico humano são frequentemente enganadas ou forçadas a entrar noutro país. Além disso, o contrabando de pessoas não envolve necessariamente exploração para fins económicos[255].

Retomando o tema central deste capítulo, o tráfico humano é um ato complexo e normalmente bem estruturado e meticulosamente pensado por parte dos traficantes. Na generalidade dos casos, as vítimas são recrutadas por conhecidos, parentes ou bandos criminosos, muitas vezes com promessas de empregos bem remunerados, no estrangeiro ou no seu próprio país. Normalmente, as vítimas são transferidas de zonas rurais remotas para cidades ou de países mais pobres para países mais ricos e ficam sob o controlo dos traficantes que utilizam métodos que passam pela manipulação e coação, pelo engano e ameaça de força[256].

As principais causas que transformam a pessoa comum em vítima de tráfico humano são a vulnerabilidade devido à pobreza, à marginalização, à exclusão económica, a eventuais conflitos armados, à desigualdade social e de género, à discriminação contra minorias étnicas e a violações dos direitos das crianças. Outra causa reside no facto de muitos países se regerem por determinadas leis e políticas inadequadas, em que o risco do traficante ser apanhado é reduzido[257], pois, mesmo dentro da UE, a legislação dos diferentes Estados-Membros relativamente ao crime de tráfico de seres humanos difere[258]. Por último, falta mencionar como causa a procura nos países mais ricos, especialmente para a prostituição e em busca de mão-de-obra barata[259].

[255] Consultar a página: https://www.europol.europa.eu/crime-areas-and-trends/crime-areas/trafficking-in-human-beings (última consulta a 30/06/2021).

[256] Consultar a página: https://ec.europa.eu/anti-trafficking/citizens-corner/trafficking-explained (última consulta a 01/07/2021).

[257] Ibidem.

[258] Gebska, Marta, "Human Trafficking aas a challenge for International Security and Security in Europe", *in Torun International Studies*, 2020, p. 52. Disponível: https://pdfs.semanticscholar.org/89c8/644a4115ee1fa06cd3fb09d1519f8fe9f70b.pdf?_ga=2.36428322.387962743.1625066603-1507410178.1623242606 (última consulta a 01/07/2021).

[259] Consultar a página: https://ec.europa.eu/anti-trafficking/citizens-corner/trafficking-explained (última consulta a 05/07/2021).

Relativamente à área de atuação dos traficantes, pode-se concluir que o tráfico de seres humanos é global, sendo que quase todos os países são países de origem, de trânsito ou de destino e, por vezes, os três. Contudo, a maior parte do tráfico é nacional ou regional, embora exista tráfico de longa distância, ou seja, redes que operam entre continentes. Geralmente, os traficantes preferem localizar as suas atividades de recrutamento e exploração perto uns dos outros, visto que a deslocação de vítimas em curtas distâncias minimiza as complicações logísticas e os custos de transporte, assim como o risco de deteção, o que explica o facto de as rotas de tráfico estarem frequentemente localizadas dentro da mesma região geográfica, verificando-se menos atividade a nível intercontinental[260].

No entanto, a escala global do tráfico de seres humanos é difícil de quantificar de forma fiável, devido à natureza oculta do crime, pois os números podem muitas vezes ter sido baseados em definições contraditórias ou compilados para fins diferentes, e são por isso raramente comparáveis[261]. Por exemplo, a estimativa do número de pessoas traficadas por ano corresponde a 2, 45 milhões, dos quais 1,2 milhões são crianças, a nível global. Já 800.000 pessoas correspondem ao tráfico realizado através das fronteiras de um país para outro, sem contar com o número de pessoas traficadas dentro do próprio país e dentro ou para dentro da UE registam-se várias centenas de milhares de pessoas[262].

Apesar de as vítimas serem, também, recrutadas em países da UE e traficadas quer internamente quer para outros países, dentro ou fora da UE, é consensual que a UE é, principalmente, uma região de destino para as vítimas de todo o mundo. Infelizmente, o tráfico para a UE parece ter

[260] Hernandez, Diego; Rudolph, Alexandra, "Modern Day Slavery: What Drives Human Trafficking in Europe?", discussion paper from Courant Research Centre 'Poverty, Equity and Growth in Developing and Transition Countries: Statistical Methods and Empirical Analysis, Georg-August-Universität Göttingen, n.º 97, 2011, pp. 6 e 7. Disponível: http://www2.vwl.wiso.uni-goettingen.de/courant-papers/CRC-PEG_DP_97.pdf (última consulta a 01/07/2021).

[261] Consultar a página: https://ec.europa.eu/anti-trafficking/citizens-corner/trafficking-explained (última consulta a 01/07/2021).

[262] Ibidem.

aumentado nos últimos anos, particularmente através e a partir da Rússia, da Ucrânia, e da Europa central e de sudeste[263].

Como referido anteriormente, os traficantes exploram pessoas vulneráveis para obterem ganhos financeiros, enganando-as ou forçando-as a determinado ato. Segundo as estimativas do UNODC de 2010[264], as vítimas são forçadas, principalmente, à prostituição, fator que ocorre em cerca de 79% dos casos, seguidamente ao trabalho forçado, fator que ocorrem em cerca de 18% dos casos[265], embora esteja a aumentar em alguns países da UE, e, ainda que sendo menos comum, à mendicidade e à remoção e venda dos próprios órgãos[266].

Visto que a proteção das nossas sociedades contra o crime organizado, especificamente no combate ao tráfico de seres humanos, é uma prioridade no âmbito da nova Estratégia da UE para a União da Segurança[267], será dado especial enfoque, agora, ao quadro legislativo adotado pela UE na luta contra o tráfico humano. Começar-se-á por dizer que o tráfico humano constitui uma grave violação dos direitos fundamentais, proibida pela Carta dos Direitos Fundamentais, no número 3 do seu artigo 5.º, e definida pelo artigo 83.º do TFUE como uma forma particularmente

[263] Ibidem.

[264] The Globalization of Crime – A Transnational Organized Crime Threat Assessment, *in United Nations Office on Drugs and Crime,* 2010. Disponível: https://www.unodc.org/documents/data-and-analysis/tocta/TOCTA_Report_2010_low_res.pdf?bcsi_scan_E6B5D3DA0AAC65B7=0&bcsi_scan_filename=TOCTA_Report_2010_low_res.pdf (última consulta a 02/07/2021).

[265] The Globalization of Crime – A Transnational Organized Crime Threat Assessment, *in United Nations Office on Drugs and Crime,* 2010, p. 40. Disponível: https://www.unodc.org/documents/data-and-analysis/tocta/TOCTA_Report_2010_low_res.pdf?bcsi_scan_E6B5D3DA0AAC65B7=0&bcsi_scan_filename=TOCTA_Report_2010_low_res.pdf (última consulta a 02/07/2021).

[266] Consultar a página: https://ec.europa.eu/anti-trafficking/citizens-corner/trafficking-explained (última consulta a 02/07/2021).

[267] Comunicação da Comissão ao Parlamento Europeu, ao Conselho Europeu, ao Conselho, ao Comité Económico e Social Europeu e ao Comité das Regiões sobre a Estratégia da UE para a União da Segurança, de 24 de julho de 2020. Disponível: https://eur-lex.europa.eu/legal-content/PT/TXT/PDF/?uri=CELEX:52020DC0605&from=EN (última consulta a 02/07/2021).

grave de crime organizado, diretamente relacionada com a política de imigração prevista no artigo 79.º do mesmo diploma legal[268].

Importa realçar que o principal ato legislativo da UE que aborda o tráfico de seres humanos, estabelecendo regras mínimas relativas à definição de infrações penais e sanções, disposições comuns para reforçar não só a proteção, a assistência e apoio às vítimas, mas também a prevenção, bem como estabelece medidas para lutar contra esta forma de crime organizado é a Diretiva Antitráfico de 2011[269],[270]. A referida Diretiva, no número 1 do seu artigo 2.º, define o tráfico de seres humanos como o "recrutamento, transporte, transferência, guarida ou acolhimento de pessoas, incluindo a troca ou a transferência do controlo sobre elas exercido, através do recurso a ameaças ou à força ou a outras formas de coação, rapto, fraude, ardil, abuso de autoridade ou de uma posição de vulnerabilidade, ou da oferta ou obtenção de pagamentos ou benefícios a fim de conseguir o consentimento de uma pessoa que tenha controlo sobre outra para efeitos de exploração", sendo a posição de vulnerabilidade definida pelo número 2 do referido artigo como uma "situação em que a pessoa não tem outra alternativa, real ou aceitável, que não seja submeter-se ao abuso em causa". Como consta no número 3 do mesmo artigo, tal exploração inclui, no mínimo, a "exploração da prostituição de outrem ou outras formas de exploração sexual, o trabalho ou serviços forçados, incluindo a mendicidade, a escravatura ou práticas equiparáveis à escravatura, a servidão, a exploração de atividades criminosas, bem como a remoção de órgãos". Assim, o consentimento da vítima de tráfico humano sobre a sua exploração é irrelevante, nos termos do número 4 do supramencionado artigo. Relava, ainda, salientar que esta definição é praticamente idêntica à definição do protocolo da ONU sobre o trá-

[268] Consultar a página: https://ec.europa.eu/home-affairs/what-we-do/policies/organized-crime-and-human-trafficking/trafficking-in-human-beings_en (última consulta a 02/07/2021).

[269] Ibidem.

[270] Diretiva 2011/36 UE do Parlamento Europeu e do Conselho, relativa à prevenção e luta contra o tráfico de seres humanos e à proteção das vítimas, de 5 de abril de 2011, JO – L 101/1, 15 de abril de 2011. Disponível: https://eur-lex.europa.eu/legal-content/PT/TXT/PDF/?uri=CELEX:32011L0036&from=EN (última consulta a 02/07/2021).

fico de pessoas[271]. Outro ponto de relevo acerca da Diretiva reside no seu artigo 20.º, que exige que a Comissão Europeia adote um relatório sobre os progressos realizados na luta contra o tráfico de seres humanos de dois em dois anos, relatórios esses que foram publicados pela Comissão Europeia em 2016, 2018 e 2020[272].

Posto isto, importa salientar que o quadro jurídico e político da União é centrado nas vítimas, com especial sensibilidade à violência de género e para com as crianças, sempre ancorado nos direitos humanos[273].

Em cumprimento da Diretiva anti tráfico de 2011, a Comissão Europeia apresentou, em 2016, o primeiro relatório sobre os progressos na luta contra o tráfico de seres humanos[274], no qual constam as tendências e desafios na abordagem do tráfico de seres humanos, examina os progressos alcançados e destaca os principais desafios que a União e os seus Estados-Membros precisam de enfrentar e encarar como uma prioridade[275].

Através desse relatório verificou-se que uma das tendências mais acentuadas tem sido no número de crianças vítimas de tráfico de seres humanos, bem como as vítimas com deficiência e as vítimas de etnia cigana. O relatório também destaca as ligações entre o tráfico de seres humanos e outras formas de crime e a exploração dos mais vulneráveis no contexto da atual crise migratória, bem como uma maior utilização da Internet e de novas tecnologias para recrutar vítimas. A proteção das crianças ao longo da rota migratória é uma prioridade máxima e a Comissão está, também, a prestar especial atenção aos menores não acompanhados,

[271] Consultar a página: https://ec.europa.eu/anti-trafficking/citizens-corner/trafficking-explained (última consulta a 02/07/2021).

[272] Consultar a página: https://ec.europa.eu/home-affairs/what-we-do/policies/organized-crime-and-human-trafficking/trafficking-in-human-beings_en (última consulta a 02/07/2021).

[273] Ibidem.

[274] Report from the Commission to the European Parliament and the Council on the progress made in the fight against trafficking in human beings, 19/05/2016. Disponível: https://ec.europa.eu/home-affairs/sites/default/files/what-we-do/policies/organized-crime-and-human-trafficking/trafficking-in-human-beings/docs/commission_report_on_the_progress_made_in_the_fight_against_trafficking_in_human_beings_2016_en.pdf (última consulta a 02/06/2021).

[275] Consultar a página: https://ec.europa.eu/anti-trafficking/eu-policy/first-report-progress-made-fight-against-trafficking-human-beings-2016_en (última consulta a 02/07/2021).

logo, muito vulneráveis aos traficantes, para o processo de reforma do Sistema Europeu Comum de Asilo,[276] SECA.

Já o terceiro e mais recente relatório da Comissão sobre os progressos alcançados na luta contra o tráfico de seres humanos, adotado em 20 de outubro de 2020[277], faz um balanço das medidas tomadas na UE desde 2017 e destaca os desafios persistentes e os padrões emergentes no tráfico de seres humanos. O relatório fornece as estatísticas mais recentes a nível da União e identifica as áreas em que foram feitos progressos, bem como as preocupações a serem abordadas. Além disso, o estudo sobre a recolha de dados sobre tráfico de seres humanos na UE relativo a 2020 fornece uma análise aprofundada das estatísticas de justiça criminal para os anos de 2017 e 2018[278].

Após a leitura do referido relatório, depreende-se que o tráfico humano é um problema grave e está longe de estar controlado, pois o número total de vítimas comunicadas pelos Estados-Membros relativo aos anos de 2017 e 2018, especificamente 14 145, é superior ao registado nos anos de 2015 e 2016, ou seja, o número de pessoas traficadas está a aumentar, o que é preocupante. Acresce a isso que o número de ações penais e de condenações de autores dos crimes continua baixo, tendo em conta um número tão elevado de vítimas[279], perpetuando uma cultura de impunidade em que os envolvidos neste modelo de negócio criminoso e na cadeia do tráfico não sofrem consequências pelos seus crimes[280]. Para

[276] Consultar a página: https://ec.europa.eu/anti-trafficking/eu-policy/first-report-progress-made-fight-against-trafficking-human-beings-2016_en (última consulta a 02/07/2021).

[277] Relatório da Comissão ao Parlamento Europeu e ao Conselho, terceiro relatório sobre os progressos alcançados na luta contra o tráfico de seres humanos, adotado em 20 de outubro de 2020. Disponível: https://eur-lex.europa.eu/legal-content/PT/TXT/HTML/?uri=CELEX:52020DC0661&from=EN (última consulta a 02/07/2021).

[278] Consultar a página: https://ec.europa.eu/home-affairs/what-we-do/policies/organized-crime-and-human-trafficking/trafficking-in-human-beings_en (última consulta a 02/07/2021).

[279] Relatório da Comissão ao Parlamento Europeu e ao Conselho, terceiro relatório sobre os progressos alcançados na luta contra o tráfico de seres humanos, adotado em 20 de outubro de 2020, p. 3. Disponível: https://eur-lex.europa.eu/legal-content/PT/TXT/HTML/?uri=CELEX:52020DC0661&from=EN (última consulta a 02/07/2021).

[280] Relatório da Comissão ao Parlamento Europeu e ao Conselho, terceiro relatório sobre os progressos alcançados na luta contra o tráfico de seres humanos, adotado em 20 de outubro

piorar, é provável que o número real de vítimas seja significativamente superior ao dos dados comunicados, já que muitas vítimas permanecem por detetar[281].

Relativamente à nacionalidade das vítimas, o relatório apurou que quase metade de todas as vítimas de tráfico são cidadãos da União. O tráfico interno de vítimas, nos seus próprios Estados-Membros, continua a ser significativo, correspondendo a mais de um terço de todas as vítimas na UE[282].

Já quanto às formas de exploração, a exploração sexual continua a ser a finalidade predominante do tráfico de seres humanos na União[283], correspondendo a cerca de 60% das vítimas[284]. Esta forma de exploração é considerada uma forma de violência contra as mulheres, com origem nas desigualdades entre homens e mulheres, na medida em que as mulheres constituem mias de 90% das vítimas de tráfico para exploração sexual, que consistem na exposição das vítimas a ambientes de alto risco, que incluem a prostituição, as agências e serviços de acompanhantes, os serviços de massagens, os bares e as discotecas. Importa, ainda, salientar que em mais de metade dos casos as vítimas são cidadãos da UE.[285]

Apesar da exploração sexual ser a finalidade de tráfico predominante, vários Estados-Membros e organizações da sociedade civil referem um aumento do tráfico para exploração laboral, que constitui 15% de todas as vítimas. Por sua vez, a exploração laboral afeta principalmente os homens, apresentando uma incidência de 68%, que são utilizados para diversos tipos de trabalhos, tais como no setor agrícola, em agências de emprego privadas, no setor da construção, na hotelaria e restauração, no setor da limpeza, no trabalho doméstico, na prestação de cuidados, nos hospitais residenciais, nas lojas noturnas, nos bares, instalações de lavagem de veículos, em empresas de recolha e reciclagem de resíduos, na

de 2020, p. 11. Disponível: https://eur-lex.europa.eu/legal-content/PT/TXT/HTML/?uri=CELEX:52020DC0661&from=EN (última consulta a 02/07/2021).

[281] Ibidem, p. 3.

[282] Ibidem.

[283] Ibidem.

[284] Ibidem, p. 4.

[285] Ibidem.

silvicultura, no setor têxtil e do vestuário e na produção, transformação e embalagem de alimentos. Contudo, as mulheres também são afetadas, principalmente em determinados setores, tais como o trabalho doméstico, a prestação de cuidados ou nos serviços de limpeza. Em acréscimo, segundo as informações transmitidas pelos Estados-Membros, esta forma de exploração vitimiza também crianças, de forma crescente[286].

Na realidade, as crianças continuam a representar um número considerável de vítimas na União, sendo que a maior parte das crianças vítimas de tráfico são raparigas cidadãs da UE, traficadas para exploração sexual[287]. Clarificando, atualmente, as crianças constituem quase um quarto de todas as vítimas na UE, verificando-se, novamente, especial enfoque nas raparigas, pois estas constituem 78% das vítimas de tráfico, sendo que 75% são cidadãos da União[288]. Deste modo, o tráfico de crianças continua a ser uma grande preocupação e a presença contínua de crianças entre as vítimas de tráfico é alarmante. Além do tráfico de raparigas e rapazes para a exploração sexual, as crianças são também utilizadas para a criminalidade forçada, nomeadamente crimes contra a propriedade, como roubos de carteiras e roubos em lojas, e crimes relacionados com estupefacientes, como o cultivo da canábis, bem como para casamentos fictícios forçados em tenra idade[289].

Com a introdução deste dado novo, far-se-á a ponte para as vítimas de tráfico para outras formas de exploração. Estas representaram 18% do número total de vítimas e trata-se, na sua generalidade, de casos de tráfico para mendicidade e criminalidade forçadas, bem como de tráfico para venda de bebés, para remoção de órgãos, para adoção ilegal, tráfico de cidadãos da UE que são explorados financeiramente através de fraudes e tráfico de seres humanos para gravidezes por conta de outrem[290].

Para terminar a análise do relatório, falta mencionar o fenómeno crescente que é o tráfico de migrantes. Nesse contexto, alguns relatórios associaram o contexto da migração a um risco acrescido de tráfico de

[286] Ibidem, p. 5.
[287] Ibidem, p. 3.
[288] Ibidem, p. 7.
[289] Ibidem, p. 8.
[290] Ibidem, p. 7.

seres humanos, num contexto em que as redes de tráfico se aproveitam das vulnerabilidades de grupos de alto risco, bem como dos procedimentos de asilo, para mais tarde, na maioria dos casos, sujeitar as suas vítimas à exploração sexual[291].

Posto isto, é fundamental que a UE disponha de meios legislativos e políticos suficientemente eficazes para fazer face a este flagelo. Para a primeira coordenadora antitráfico da UE, no período compreendido entre 2011 e fevereiro de 2020, Myria Vassiliadou[292], a adoção da Diretiva Antitráfico de 2011 criou uma importante dinâmica na sensibilização para a dimensão do fenómeno na UE e para a necessidade de o abordar com uma vasta gama de instrumentos, desde o Direito Penal até às medidas de prevenção, tendo chegado o momento de os Estados-Membros intensificarem os esforços para implementar eficazmente a referida Diretiva e cumprir as suas obrigações[293].

Deste modo, poder-se-á afirmar que para enfrentar os principais desafios na luta contra o tráfico de seres humanos, os Estados-Membros precisam de implementar plena e corretamente a Diretiva Antitráfico de 2011, a fim de aumentar o número de investigações e processos judiciais dos perpetradores, estabelecer mecanismos adequados para a identificação precoce e proteção das vítimas e reforçar as medidas para prevenir o tráfico de seres humanos[294]. Contudo, a questão premente que se levanta é, serão as medidas até agora implementadas suficientes? Infelizmente, os dados disponibilizados até à data parecem comprovar o contrário, como se analisará mais à frente nesta reflexão.

Apesar do quadro legal adotado, será seguro afirmar que a luta contra o tráfico de seres humanos está longe de estar vencida. Para corroborar esta afirmação atente-se ao último relatório anual[295] do Grupo de Peri-

[291] Ibidem, p. 9.

[292] Consultar a página: https://ec.europa.eu/anti-trafficking/eu-anti-trafficking-coordinator_en (última consulta a 05/07/2021).

[293] Consultar a página: https://ec.europa.eu/anti-trafficking/eu-policy/first-report-progress-made-fight-against-trafficking-human-beings-2016_en (última consulta a 05/07/2021).

[294] Ibidem.

[295] 10th General Report on Greta´s Activities covering the period from 1 January to 31 December 2020. Disponível: https://rm.coe.int/10th-general-report-greta-activities-en/1680a21620 (última consulta a 05/07/2021).

tos sobre o Tráfico de Seres Humanos, doravante GRETA[296]. O relatório supramencionado fornece um relato detalhado das suas atividades de 1 de Janeiro a 31 de Dezembro de 2020, que inclui a publicação de novas orientações para ajudar os Estados a cumprirem as suas obrigações ao abrigo da Convenção do Conselho da Europa contra o Tráfico de Seres Humanos, uma Nota de Orientação sobre o direito das vítimas de tráfico e pessoas em risco de serem traficadas, sobre a proteção internacional e, ainda, sobre a prevenção e combate ao tráfico de seres humanos para fins de exploração laboral. Além de constar do relatório uma secção sobre a identificação de pessoas vítimas de tráfico entre os requerentes de asilo e o acesso à proteção internacional pelas vítimas de tráfico, este também inclui uma secção específica sobre o impacto da Covid-19 no combate ao tráfico de seres humanos, fornecendo uma série de exemplos de como a pandemia está a afetar as medidas para combater o tráfico de seres humanos em países específicos, defendendo que os Estados deveriam fazer mais para prevenir esta preocupante situação[297].

Resumidamente, o conteúdo do relatório expõe que apesar de, mesmo em circunstâncias normais, a identificação das vítimas de tráfico já ser um desafio, a pandemia da Covid-19 tornou-a ainda mais difícil, pois os traficantes têm explorado a crise provocada pelo coronavírus, beneficiando de vulnerabilidades e circunstâncias económicas difíceis. Como exemplo, atente-se ao facto do confinamento e das restrições de movimento terem contribuído para um aumento da exploração sexual online via *webcam* e, inclusivamente, para um aumento do aliciamento e exploração de crianças online através de sites de jogos e plataformas de redes sociais[298]. Além

[296] O referido Grupo de Peritos é um órgão independente que acompanha a forma como os países implementam a Convenção do Conselho da Europa Contra o Tráfico de Seres Humanos, que vincula, atualmente, quarenta e seis dos quarenta e sete Estados-Membros do Conselho da Europa, bem como a Bielorrússia, um Estado não membro.
Para mais informações consultar a página https://www.coe.int/en/web/anti-human-trafficking/greta (última consulta a 05/07/2021).

[297] Consultar a página: https://search.coe.int/directorate_of_communications/Pages/result_details.aspx?ObjectId=0900001680a21655 (última consulta a 05/07/2021).

[298] 10th General Report on Greta's Activities covering the period from 1 January to 31 December 2020, p. 31. Disponível: https://rm.coe.int/10th-general-report-greta-activities-en/1680a21620 (última consulta a 05/07/2021).

disso, setores de alto risco como a agricultura e indústrias de processamento alimentar, onde os procedimentos de recrutamento são opacos, os requisitos de qualificação e os salários são baixos, criaram condições favoráveis para os traficantes[299] durante este período. Também os trabalhadores migrantes correm um risco acrescido de exploração devido à perda de emprego e à falta de proteção, e podem tornar-se indocumentados, deixando-os ainda mais vulneráveis perante as mãos dos traficantes[300].

Por último, o relatório chamou a atenção para as consequências que advirão além do impacto imediato da pandemia, pois os efeitos socioeconómicos que se sentirão a longo prazo são suscetíveis de agravar as causas que enformam o tráfico de seres humanos, entre as quais se incluem a pobreza, o desemprego e a desigualdade de género. De acordo com o Banco Mundial, estima-se que a pandemia COVID-19 empurrará mais 88 a 115 milhões de pessoas para a pobreza extrema em 2020, com um total que poderá atingir 150 milhões em 2021, dependendo da gravidade da recessão económica[301].

Exposta a este panorama, a presidente do GRETA, Helga Gayer[302], afirmou, num comunicado publicado pelo Conselho da Europa, que os efeitos da pandemia tornaram as vítimas do tráfico de seres humanos ainda mais vulneráveis, pois, as ONG que se encontram na linha da frente do combate ao tráfico humano relataram atrasos na identificação formal de pessoas como vítimas de tráfico, o que afeta seriamente o acesso destas a alojamento seguro, a cuidados de saúde e ao devido e necessário apoio, o que deixa as vítimas particularmente vulneráveis perante o risco de sofrerem novos abusos[303].

Nesse mesmo comunicado, Helga Gayer expõe, ainda, que os traficantes têm aproveitado ao máximo a situação, explorando a situação financeira precária de muitas das suas vítimas. Além disso, enquanto as

[299] Ibidem, p. 31

[300] Ibidem, pp. 33 e 34.

[301] Ibidem, p. 33.

[302] Para mais informações consultar a página: https://www.coe.int/en/web/anti-human-trafficking/greta (última consulta a 06/07/2021).

[303] Consultar a página: https://search.coe.int/directorate_of_communications/Pages/result_details.aspx?ObjectId=0900001680a21655 (última consulta a 06/07/2021).

autoridades denunciam o aumento da exploração sexual e da atividade criminosa online, os recursos escassos e os atrasos no sistema de justiça estão a dificultar os esforços para responsabilizar os traficantes e proporcionar a devida justiça e compensação às suas vítimas[304].

A presidente do GRETA acrescentou, ainda, que, nesse sentido, é crucial para a segurança dos requerentes de asilo, enquanto vítimas vulneráveis, que aqueles que foram traficados sejam efetivamente identificados e beneficiem do apoio, assistência e proteção a que têm direito[305] ao abrigo da Convenção do Conselho da Europa Contra o Tráfico de Seres Humanos.

Para concluir este capítulo, far-se-á uma síntese agregadora das principais reflexões trazidas a lume até este momento, de forma a preparar o terreno para a discussão que se segue em torno do (eventual) alargamento das competências materiais da PE. Assim, é-se forçado a concordar que o tráfico de seres humanos é um crime grave e uma violação grosseira dos direitos humanos, que pode ser classificado como uma forma contemporânea de escravatura[306]. Ocorre em todo o mundo e afeta quase todos os países como país de origem, de trânsito ou de destino e, por vezes, como uma combinação de todos[307]. É, também, relevante salientar que as redes de tráfico apresentam níveis cada vez mais elevados de profissionalismo e especialização, ou seja, os grupos de criminalidade organizada envolvidos no tráfico de seres humanos possuem redes criminosas bem estruturadas e operam a nível internacional, por vezes com um conjunto de passadores e grupos especializados transfronteiriços. Além disso, o aumento da utilização indevida das tecnologias da informação pelos autores dos crimes constitui uma preocupação e um desafio para as autoridades que combatem o tráfico de seres humanos[308], pois os novos meios tecnológicos são

[304] Ibidem.

[305] Ibidem.

[306] Consultar o artigo "Open your eyes to trafficking!", do *Human Rights Channel* do Conselho da Europa. Disponível: https://www.coe.int/en/web/human-rights-channel/european-anti-trafficking-day (última consulta a 06/07/2021).

[307] Consultar a página: https://ec.europa.eu/anti-trafficking/citizens-corner/trafficking-explained (última consulta a 06/07/2021).

[308] Relatório da Comissão ao Parlamento Europeu e ao Conselho, terceiro relatório sobre os progressos alcançados na luta contra o tráfico de seres humanos, adotado em 20 de outubro

frequentemente utilizados para recrutar e vender as vítimas, maioritariamente mulheres e raparigas, bem como para aliciar crianças[309]. Assim, concluir-se-á que apesar dos progressos alcançados, ainda se revela essencial que os Estados-Membros intensifiquem os esforços para lutar eficazmente contra o tráfico de seres humanos[310].

2.3. Tráfico de Drogas

A forma como as drogas são usadas e traficadas está constantemente a mudar, tendo-se verificado um aumento de complexidade técnica e organizacional relativamente ao tráfico destas substâncias. Clarificando, os grupos de crime organizado envolvidos estão a tornar-se mais especializados e mais totalmente interligados. Além disso, a taxa global desta mudança está a acelerar, em parte como resultado da globalização[311]. Apesar de ser um crime com dimensões transfronteiriças, é visível que as atividades relacionadas com o tráfico começam a concentrar-se em áreas geográficas específicas[312]. Assim, os mercados de droga da União são abastecidos por sofisticadas redes criminosas que utilizam uma variedade de *modus operandi* diferentes, pautada pela diversidade das atividades de tráfico, incluindo a distribuição a nível intermédio e a retalho[313]. Ir-se-á, agora, abordar com mais pormenor o modo como, atualmente, o tráfico de drogas se efetiva e qual o impacto dessa atividade criminosa na sociedade[314].

de 2020, p. 4. Disponível: https://eur-lex.europa.eu/legal-content/PT/TXT/HTML/?uri=CELEX:52020DC0661&from=EN (última consulta a 06/07/2021).

[309] Ibidem.

[310] Consultar a página: https://ec.europa.eu/anti-trafficking/eu-policy/first-report-progress-made-fight-against-trafficking-human-beings-2016_en (última consulta a 06/07/2021).

[311] Consultar a página: https://www.europol.europa.eu/crime-areas-and-trends/crime-areas/drug-trafficking (última consulta a 06/07/2021).

[312] Ibidem.

[313] EU SOCTA 2021, p. 45. Disponível: https://www.europol.europa.eu/activities-services/main-reports/european-union-serious-and-organised-crime-threat-assessment (última consulta a 07/07/2021).

[314] Para maiores desenvolvimentos do tema em questão ver, entre outros, Kan, Paul Rexton, "Drug Trafficking and International Security", ed. Rowman & Littlefield, 2016; European Monitoring Centre for Drugs and Drug Addiction, "Drug supply reduction and internal security policies in the European Union: an overview". Disponível: https://www.drugsandalcohol.

Começar-se-á por averiguar quais os tipos de drogas ilícitas mais procuradas. Geralmente, a principal droga contrabandeada nas fronteiras externas da UE é a cannabis, tanto em número de casos, correspondendo a cerda de 68%, como em quantidade, atingindo os 97%. Tal popularidade encontra fundamento em vários fatores, tais como a facilidade de produção, a elevada disponibilidade e acessibilidade do produto, as características culturais e regionais, bem como o menor risco de penalização em alguns países. Ademais, estes fatores também estão presentes no contrabando do haxixe, apesar de não se registar tanta procura como relativamente à cannabis[315]. Voltando novamente os holofotes para a venda da cannabis, não há dúvidas de que esta é a droga ilícita mais consumida na Europa, verificando-se uma grande proporção da planta da cannabis cultivada na proximidade do local de consumo[316].

Posto isto, será importante perceber de que forma é que as redes de tráfico se espalham pelo mundo, de modo a conseguirem fazer chegar os seus produtos a qualquer lugar. Haverá uma distribuição aleatória dos

ie/21059/1/EMCDDA_Drug_supply_reduction_and_internal_security_policies_in_the_European_Union.pdf (última consulta a 27/07/2021); Chatwin, Caroline, "The Effects of EU Enlargement on European Drug Policy" *in Drugs: education, prevention and policy*, vol. 11, n.º 6, ed. Taylor&Francis, 2004. Disponível: https://d1wqtxts1xzle7.cloudfront.net/5056391/Enlargement.pdf?response-content-disposition=inline%3B+filename%3DThe_effects_of_EU_enlargement_on_Europea.pdf&Expires=1627409792&Signature=W2tLZ68vDour4Bpj1OfUJhkv6IRmSQ7mpkWOBHAXswpd9rQ8qO27~eis1lWfuHE7z6k1VEzXGrJjoR9htbbaFaKu7FGMlMbqFwph3Pw8WW~OluEoE~1Wx6Jzlgd7m7I23vFdAJQqKROTKO7-NLwxMJn-3vu80uvfQ0DZltFsVXKJZOwgpJ2NX1kl8SET1D~6cWgEwyREo8rjSQsFK2VMfu775gk4UEtxEbJfjd5hvTaEYS4BAFSvUsCwZhyrhRjwSyanLukJSGUCizKIjNG-MqGccYVUdVO-XepFvThyZ8qmMZ1mChR2wPAsD0WrsaIerJBHvjSeKJv2BEqVewfCMv9A__&Key-Pair-Id=APKAJLOHF5GGSLRBV4ZA (última consulta a 27/07/2021).

[315] O tráfico de haxixe é acompanhado por outras atividades criminosas, incluindo migração irregular facilitada e crimes contra a propriedade, uma vez que os criminosos utilizam geralmente as infraestruturas criminosas existentes para a distribuição de haxixe para Mercados da Europa Ocidental e do Norte e a países da Ásia e do Norte de África. A proximidade de Marrocos, que durante anos foi considerado o principal produtor da resina de cannabis, facilita o tráfico de haxixe principalmente no Mediterrâneo Ocidental, mas também na maioria das rotas marítimas do sul da Europa, com a utilização recorrente de lanchas rápidas.

[316] EU SOCTA 2021, p. 45. Disponível: https://www.europol.europa.eu/activities-services/main-reports/european-union-serious-and-organised-crime-threat-assessment (última consulta a 07/07/2021).

grupos criminosos pelo mundo? A realidade é que esses grupos estão bem estruturados e operam através de rotas da droga bem estudadas e delineadas. Segundo a informação constante no EUROSUR[317], fornecida pelos Estados-Membros da União durante as atividades de vigilância fronteiriça, confirma-se que os Balcãs Ocidentais e a Albânia, em particular, constituem-se como uma grande fonte de tráfico da cannabis, que chega a países vizinhos através de rotas terrestres, ou é exportada para a Europa Ocidental e Central através do Mar Adriático, com o auxílio de lanchas rápidas ou ferries[318].

Relativamente à cocaína, esta representa quase um terço do mercado da droga a retalho na UE, o que a torna na segunda droga ilícita mais consumida na União, depois da cannabis. Um dos motivos para isso reside no baixo custo de compra desta substância, pois a enorme oferta da América Latina e a queda generalizada dos preços no mundo inteiro nos últimos anos levaram a que a cocaína fosse mais acessível do que nunca, o que resultou em carregamentos frequentes a granel em várias rotas marítimas, mas também em quantidades menores nas fronteiras terrestres e nos aeroportos[319]. Concretizando as quantidades, em 2019 foram relatadas apreensões de quase 12 toneladas de cocaína, na sua maioria por Portugal e Espanha. Relativamente à entrada desses produtos na Europa, verificam-se registos de uma grande percentagem de deteções em voos de entrada ou em trânsito provenientes da América Latina e da África do Sul e Ocidental, essencialmente nos aeroportos portugueses, espanhóis e italianos. Além disso, é importante referir que os contentores marítimos, bem como outros tipos de transporte marítimo, serão cada vez mais utilizados para a importação de cocaína quer através de rotas transatlân-

[317] Sistema europeu de vigilância das fronteiras, aprovado pelo Parlamento Europeu em 2013. Para mais informação consultar a página: https://www.europarl.europa.eu/news/pt/press-room/20131007IPR21624/eurosur-parlamento-europeu-aprova-novo-sistema-de-vigilancia-das-fronteiras (última consulta a 12/07/2021).

[318] FRONTEX, "Risk Analysis for 2020", março de 2020, pp. 40 e 41. Disponível: https://frontex.europa.eu/publications/frontex-releases-risk-analysis-for-2020-vp0TZ7 (última consulta a 12/07/2021).

[319] FRONTEX, "Risk Analysis for 2020", março de 2020, p. 41. Disponível: https://frontex.europa.eu/publications/frontex-releases-risk-analysis-for-2020-vp0TZ7 (última consulta a 12/07/2021).

ticas diretas da América Latina para a Europa Ocidental, quer através de centros de transbordo na África Ocidental e nas Caraíbas. Nos últimos anos, o Norte de África emergiu também como uma área de trânsito significativa para a cocaína destinada à Europa. Marrocos e, em menor escala, a Argélia e a Líbia são considerados pontos de entrada, tendo sido recentemente comunicados grandes trajetos de cocaína a partir desses países. Além disso, apreensões de determinadas quantidades, ainda que pequenas, de cocaína na costa sul espanhola e em portos espanhóis sugerem um aumento da oferta de cocaína na região. Assim, considera-se que a principal porta de entrada de cocaína na Europa encontra-se na costa da Europa Ocidental[320].

Já o contrabando de heroína para a Europa caracteriza-se, normalmente, por menos deteções em rotas específicas de droga. Isto deve-se à concentração da produção no Afeganistão, que, em certa medida, limita o abastecimento e os mercados de distribuição. No entanto, em 2019 foram apreendidos cerca de 472 kg de heroína, sendo que as maiores quantidades foram detetadas durante apreensões em aeroportos franceses, italianos e espanhóis, não excluindo a grande quantidade de drogas ilícitas apreendida, também, em portos marítimos franceses e italianos. Estas apreensões tendem a mostrar que, juntamente com as rotas terrestres típicas, os transportes marítimos e aéreos são também muito utilizados para contrabandear heroína para países de destino na Europa[321].

Por último, falta fazer referência às drogas sintéticas, que continuam a ser uma ameaça para as fronteiras externas da UE, aparecendo em pequenas quantidades nas rotas aéreas, mas, recentemente, mais frequentemente em grandes envios provenientes da China em rotas marítimas. Ultimamente, tem-se verificado um aumento considerável na deteção de captagon[322], que chega aos portos do Mediterrâneo Oriental, bem como

[320] Ibidem.

[321] FRONTEX, "Risk Analysis for 2020", março de 2020, p. 41. Disponível: https://frontex.europa.eu/publications/frontex-releases-risk-analysis-for-2020-vp0TZ7 (última consulta a 12/07/2021).

[322] Apelidada como "a droga dos jihadistas". Para mais informações consultar o artigo do jornal *Observador*. Disponível: https://observador.pt/2015/11/19/captagon-droga-dos-jihadistas/ (última consulta a 12/07/2021).

apreensões de ecstasy em iates no Mar Egeu. Segundo os relatórios de apreensão de contentores de precursores de ecstasy em 2018, será seguro afirmar que o tráfico de precursores nos portos do Mar Egeu e do Mediterrâneo está a aumentar cada vez mais[323].

A par das ditas drogas *tradicionais*, sublinhado nosso, começam a surgir no mercado da droga novas substâncias merecedoras de atenção. As denominadas novas substâncias psicoativas, doravante NSP, e os seus percursores tornaram-se uma área de crescente preocupação para as autoridades judiciais nacionais[324]. Estas novas substâncias são definidas como uma nova droga narcótica ou psicotrópica, de forma pura ou em preparação, que não é controlada pelas convenções das Nações Unidas sobre drogas, mas que pode constituir uma ameaça para a saúde pública comparável à representada pelas substâncias listadas nessas convenções[325]. Por sua vez, os precursores de droga são produtos químicos utilizados principalmente para a produção de uma vasta gama de produtos cuja comercialização é legal, tais como medicamentos, perfumes, plásticos e cosméticos. No entanto, também podem ser utilizados para a produção de drogas ilegais, tais como metanfetaminas, heroína ou cocaína[326]. Para combater a venda destas novas substâncias é necessário superar determinados desafios que consistem, nomeadamente, na identificação das substâncias, na regulação de certas questões processuais e de admissibilidade de provas, nas diferenças das estruturas organizacionais na distribuição das NSP, e ainda, na existência de disposições legais diferentes nos diversos Estados-Membros e a falta de uma base legal adequada.[327]

[323] FRONTEX, "Risk Analysis for 2020", março de 2020, p. 41. Disponível: https://frontex.europa.eu/publications/frontex-releases-risk-analysis-for-2020-vp0TZ7 (última consulta a 12/07/2021).

[324] Eurojust Report on Drug trafficking – Experiences and challenges in judicial cooperation, abril 2021, p. 8. Disponível: https://www.eurojust.europa.eu/sites/default/files/Documents/pdf/2021_04_15_drug_trafficking_casework_report.pdf (última consulta a 12/07/2021).

[325] Consultar a página: https://www.emcdda.europa.eu/topics/nps_en (última consulta a 12/07/2021).

[326] Eurojust Report on Drug trafficking – Experiences and challenges in judicial cooperation, abril 2021, p. 8. Disponível: https://www.eurojust.europa.eu/sites/default/files/Documents/pdf/2021_04_15_drug_trafficking_casework_report.pdf (última consulta a 12/07/2021).

[327] Ibidem.

Uma característica transversal aos diferentes tipos de drogas ilegais existentes é a procura interna significativa e crescente que se verifica em todas as rotas de tráfico, em especial na *Southern Route*[328], de notar que a tendência crescente de tráfico nesta rota é de especial preocupação, tendo em conta o papel potencialmente maior desta rota no fornecimento de heroína e outras drogas à Europa[329], instiga a continuação da atividade criminosa, que, por sua vez, constitui um fator adicional de desestabilização em países que já enfrentam outros problemas políticos, sociais, de saúde e económicos graves[330].

Ainda que o comércio em cada um dos quatro principais grupos de drogas ilegais que dominam os mercados europeus de droga tenha características únicas, é possível identificar vários elementos comuns às atividades de tráfico que envolvem drogas[331]. Um desses elementos passa pelo uso da violência relacionada com o tráfico de droga, que tem aumentado de forma notável nos últimos anos. Apesar de ser um elemento transversal a todos os grupos de drogas ilegais, o comércio de cocaína e de cannabis, em particular, desencadearam um número significativo de incidentes violentos, que incluíram assassinatos, tiroteios, bombardeamentos, incêndios, raptos, tortura e intimidação. O que também provocou um aumento do número de confrontos violentos foi o facto de, em alguns Estados-Membros, se ter intensificado a concorrência entre fornecedores de drogas[332]. No entanto, a natureza dos incidentes violentos parece estar a assumir contornos ainda mais perigosos, na medida em que um número crescente de criminosos começou a utilizar a violência de forma mais ofensiva, facto que tem origem na facilidade de acesso a armas de fogo e explosivos, potenciando, assim, a violência grave[333].

[328] Percurso normalmente utilizado por redes de tráfico de drogas, que vai desde o Afeganistão ao Paquistão ou Irão, passando pelo Golfo Pérsico e África Oriental.

[329] Consultar a página: https://www.europol.europa.eu/crime-areas-and-trends/crime-areas/drug-trafficking (última consulta a 12/07/2021).

[330] Ibidem.

[331] EU SOCTA 2021, p. 45. Disponível: https://www.europol.europa.eu/activities-services/main-reports/european-union-serious-and-organised-crime-threat-assessment (última consulta a 13/07/2021).

[332] Ibidem.

[333] Ibidem.

Relativamente à violência associada aos grupos de crime organizado, importa analisar o impacto das medidas tomadas para conter a pandemia de Covid-19 no tráfico de drogas. Sobre este tema não existe uma verdade absoluta, uniforme e cabal, visto que os Estados-Membros verificaram efeitos diferentes para a mesma causa. Por exemplo, a escassez de alguns medicamentos levou a um aumento da tensão entre os grupos de crime organizado que fornecem estes medicamentos e, em alguns Estados-Membros, tais como a Dinamarca e a Suécia[334], verificou-se um aumento do número de confrontos violentos entre os membros dos referidos grupos, mas esse facto não foi visível em todos os Estados-Membros, por exemplo, na Áustria não foi reportada nenhuma ocorrência que indicasse um aumento de confrontos violentos, nem em Portugal, onde as ocorrências de crimes violentos até diminuíram [335].

Assim, conclui-se que, provavelmente, é demasiado cedo para avaliar corretamente os níveis de violência relacionada com a droga em muitos países. As restrições à circulação e a crescente presença de forças de segurança nas ruas parecem ter tido um efeito positivo sobre a criminalidade violenta. Com o levantamento das restrições, no entanto, é provável que se verifique um regresso da violência relacionada com a droga. Diferentes cidades ou bairros são suscetíveis de experimentar diferentes padrões de violência relacionada com a droga após a pandemia, e são necessárias medições a longo prazo para compreender estes padrões. É provável que a expectável recessão económica tenha um impacto negativo significativo nos consumidores dependentes de drogas, o que pode levar a um aumento dos níveis de crime até que a situação estabilize[336].

Retomando a enumeração de fatores atrás interrompida, outro fator comum reside na existência de corrupção que permite o tráfico de drogas, fator esse que é frequentemente aproveitado pelas redes criminosas

[334] Indicação meramente exemplificativa, não correspondendo ao número exato de Estados-Membros.

[335] Europol "EU Drug Markets – Impact of COVID-19", maio de 2020, p. 8. Disponível: https://www.emcdda.europa.eu/publications/joint-publications/eu-drug-markets-impact-of-covid-19_en (última consulta a 13/07/2021).

[336] Ibidem.

envolvidas no tráfico de drogas[337]. Deste modo, a corrupção é comum nos países de origem e nos países de trânsito para drogas destinadas à UE. Dentro da União, grandes investigações recentes apoiadas pela Europol mostraram que o papel da corrupção tem sido largamente subestimado, pois a corrupção é utilizada para minar as infraestruturas de transportes, atravessar livremente as fronteiras ou ter acesso aos portos e aeroportos[338]. Assim, os grupos de criminalidade organizada envolvidos no tráfico de drogas estão altamente dependentes da corrupção para facilitar as suas atividades de tráfico. Além disso, fazem uso de documentos fraudulentos, tais como certificados de importação ou de registo de empresas falsos para importar drogas ilícitas entre bens legais e adquirir equipamento utilizado nos processos de produção[339]. Poder-se-á dizer que, atualmente, as redes criminosas já se conseguiram infiltrar nas infraestruturas de transportes de toda a UE. No entanto, os Estados-Membros continuam ou a parecer relutantes em denunciar a corrupção ou a padecer de significativas lacunas de informação[340].

Outro ponto essencial a abordar neste capítulo é a componente financeira associada ao tráfico de drogas. Na realidade, os mercados de droga continuam a ser os maiores mercados criminosos da UE, onde todos os anos os cidadãos da União gastam dezenas de milhares de milhões de euros em drogas ilícitas[341]. Nesse sentido, o comércio de drogas ilícitas gera lucros multibilionários de euros para os grupos envolvidos nesta atividade criminosa, sendo que o mercado de venda de droga a retalho da UE está estimado em, pelo menos, 24 mil milhões de euros por ano.

[337] EU SOCTA 2021, p. 45. Disponível: https://www.europol.europa.eu/activities-services/main-reports/european-union-serious-and-organised-crime-threat-assessment (última consulta a 13/07/2021).

[338] Ibidem.

[339] Europol, Business Fundamentals – How Illegal Drugs Sustain Organised Crime in the EU, 2017, p. 6. Disponível: https://www.europol.europa.eu/publications-documents/how-illegal-drugs-sustain-organised-crime-in-eu (última consulta a 13/07/2021).

[340] EU SOCTA 2021, p. 45. Disponível: https://www.europol.europa.eu/activities-services/main-reports/european-union-serious-and-organised-crime-threat-assessment (última consulta a 13/07/2021).

[341] Consultar a página: https://www.europol.europa.eu/crime-areas-and-trends/crime-areas/drug-trafficking (última consulta a 13/07/2021).

Além disso, os lucros imensos gerados pelo comércio de drogas financiam várias outras atividades criminosas, permitindo aos grupos de criminalidade organizada prosperar e desenvolver as suas empresas criminosas à custa da saúde, prosperidade e segurança dos cidadãos da UE, o que explica como é que mais de um terço das organizações criminosas ativas na União estão envolvidas na produção, tráfico ou distribuição de vários tipos de drogas[342].

Assim, as drogas ilegais representam aproximadamente 20% do produto global do crime[343]. De acordo com um relatório da Europol publicado este ano, estima-se que o mercado de drogas ilícitas na UE valha, no mínimo, 30 biliões de euros por ano[344]. É, ainda, importante salientar que os mercados ilegais de drogas alimentam a economia paralela que, além de causarem dependência económica, minam as comunidades locais e perpetuam a presença de estruturas criminosas. Por sua vez, a presença redes criminosas nas comunidades locais mina os valores sociais, enfraquece o Estado de direito e contribui para uma cultura de impunidade[345]. Deste modo, o desenvolvimento de mercados ilegais e, consequentemente, da economia paralela tem, assim, consequências abrangentes, uma vez que afeta a economia, a segurança nacional e internacional, as instituições governamentais e, deste modo, a sociedade em geral[346].

[342] Europol, Business Fundamentals – How Illegal Drugs Sustain Organised Crime in the EU, 2017, p. 6. Disponível: https://www.europol.europa.eu/publications-documents/how-illegal-drugs-sustain-organised-crime-in-eu (última consulta a 13/07/2021).

[343] Bretteville-Jensen, Anne; Mikulic, Sania et al., "Costs and Unintended Consequences of Drug Control Policies", *in Report by the expert group on possible adverse effects and associated costs of drug control policies*, 2017, p. 36. Disponível: https://rm.coe.int/costs-and-unitended-consequences-of-drug-control-policies/16807701a9 (última consulta a 13/07/2021).

[344] Consultar artigo do jornal *Reuters*. Disponível: https://www.reuters.com/world/europe/cross-border-drug-trafficking-cases-nearly-doubled-four-years-eu-agency-2021-04-19/ (última consulta a 14/07/2021).

[345] EU SOCTA 2021, p. 46. Disponível: https://www.europol.europa.eu/activities-services/main-reports/european-union-serious-and-organised-crime-threat-assessment (última consulta a 14/07/2021).

[346] Bretteville-Jensen, Anne; Mikulic, Sania et al., "Costs and Unintended Consequences of Drug Control Policies", *in Report by the expert group on possible adverse effects and associated costs of drug control policies*, 2017, p. 36. Disponível: https://rm.coe.int/costs-and-unitended-consequences-of-drug-control-policies/16807701a9 (última consulta a 14/07/2021).

Importa, também, realçar que as drogas ilícitas causam danos graves e diretos na saúde dos consumidores[347]. O consumo de qualquer tipo de droga ilícita implica um risco significativo para a saúde com consequências potencialmente letais. O consumo de cannabis pode ter graves implicações quer a nível de saúde quer sociais para alguns consumidores, especialmente a cannabis cultivada para apresentar um elevado teor de THC. De modo geral, a cannabis é o motivo apontado com mais frequência como causa da primeira admissão em programas de reabilitação na UE. Já o consumo de heroína está associado a graves danos para a saúde, incluindo dependência, overdose e morte. Além disso, propicia práticas de injeção perigosas que incluem, muitas vezes, partilha de seringas, aumentando o risco de doenças infeciosas, tais como o VIH, comummente designado como SIDA, o vírus da hepatite C e outras infeções. A par da heroína, as drogas sintéticas como as metanfetaminas podem ser altamente viciantes e o seu consumo implica graves riscos para a saúde, incluindo o risco de overdose letal. Além do supra descrito, os efeitos a longo prazo das substâncias psicotrópicas, estes são praticamente desconhecidos devido ao aparecimento frequente de substâncias psicotrópicas anteriormente desconhecidas[348].

Além dos danos graves e irreversíveis que a utilização de drogas provoca aos seus consumidores, a produção de drogas tem, também, um impacto significativo sobre a ambiente. Como exemplo, atente-se ao fabrico de drogas sintéticas, que produz quantidades significativas de resíduos perigosos, que são, normalmente, despejados longe do local de produção, com a finalidade de ocultar a atividade criminosa[349]. Em resultado do ato descrito, os locais de descarga estão, frequentemente, muito contaminados requerendo, assim, um processo de limpeza longo e dispendioso. Além disso, o cultivo de cannabis ao ar livre danifica signi-

[347] EU SOCTA 2021, p. 46. Disponível: https://www.europol.europa.eu/activities-services/main-reports/european-union-serious-and-organised-crime-threat-assessment (última consulta a 14/07/2021).

[348] Europol, Business Fundamentals – How Illegal Drugs Sustain Organised Crime in the EU, 2017, p. 7. Disponível: https://www.europol.europa.eu/publications-documents/how-illegal-drugs-sustain-organised-crime-in-eu (última consulta a 14/07/2021).

[349] Ibidem.

ficativamente a fauna e a flora[350], pois implica, cada vez mais, a utilização de pesticidas e inseticidas de forma descontrolada, que são prejudiciais para o ambiente[351].

Para piorar, a produção e o tráfico de drogas encontram-se, ainda, num período de inovação contínua, em que a tecnologia é amplamente utilizada para facilitar a produção, tráfico e distribuição de drogas. Assim, a inovação técnica e a facilidade de acesso a equipamento sofisticado permitiram aos grupos de criminalidade organizada maximizar a produção, pois, através da evolução tecnológica é possível manter locais de cultivo de cannabis em grande escala, utilizando equipamento de cultivo profissional, tal como sistemas de controlo climático, geradores de CO2 e de ozono. Da mesma forma, os laboratórios que fabricam drogas sintéticas dispõem de equipamento químico avançado e linhas de produção capazes de produzir drogas sintéticas à escala industrial. Será seguro afirmar que os grupos de criminalidade organizada envolvidos no comércio de drogas são altamente competentes na exploração de tecnologias para facilitar os seus negócios. Uma prova disso, além do anteriormente mencionado, é encriptação. Atualmente, as aplicações, serviços e dispositivos encriptados parecem surgir como o principal meio de comunicação entre os criminosos envolvidos no tráfico de droga[352], como por exemplo o software encriptado baseado em *Pretty Good Privacy*[353] e aplicações comer-

[350] EU SOCTA 2021, p. 46. Disponível: https://www.europol.europa.eu/activities-services/main-reports/european-union-serious-and-organised-crime-threat-assessment (última consulta a 14/07/2021).

[351] Europol, Business Fundamentals – How Illegal Drugs Sustain Organised Crime in the EU, 2017, p. 7. Disponível: https://www.europol.europa.eu/publications-documents/how-illegal-drugs-sustain-organised-crime-in-eu (última consulta a 14/07/2021).

[352] EU SOCTA 2021, p. 45. Disponível: https://www.europol.europa.eu/activities-services/main-reports/european-union-serious-and-organised-crime-threat-assessment (última consulta a 14/07/2021).

[353] O sistema *Pretty Good Privacy*, abreviado PGP, é programa popular utilizado para encriptar e desencriptar e-mails através da Internet, bem como autenticar mensagens com assinaturas digitais e ficheiros armazenados encriptados. Através deste sistema, cada utilizador tem uma chave de encriptação que é conhecida publicamente e uma chave privada que é conhecida apenas por esse utilizador. Assim, uma pessoa pode encriptar uma mensagem que envia a outra pessoa utilizando a sua chave pública. Quando a recebem, descodificam-na utilizando a sua chave privada.

ciais de encriptação, sendo bastante incomum que as redes criminosas utilizem meios de comunicação não encriptados[354].

A utilização de tecnologia por parte dos traficantes reflete-se, também, no comércio online de drogas, que tem continuado a crescer nos últimos anos e tem potencial para se expandir ainda mais. No entanto, o fornecimento de drogas através de plataformas online continua a ser limitado em comparação com o fornecimento tradicional offline. Um dos motivos para tal reside no facto de o comércio de drogas online ocorrer maioritariamente a retalho, envolvendo remessas individuais frequentes, mas pequenas. Assim, as redes criminosas envolvidas no tráfico maciço de drogas continuam a depender da logística offline[355].

No entanto, a utilização de sítios da internet, como a *darknet*, para distribuir drogas tem aumentado, apesar de alguns êxitos significativos da aplicação da lei, tais como o bloqueio e encerramento de algumas das plataformas mais movimentadas. O sucesso destes métodos, em combinação com ciberataques a alguns sistemas, fraude relativamente à entrega dos produtos adquiridos, ou encerramentos voluntários de determinadas páginas, parecem ter gerado alguma desconfiança entre os utilizadores e podem ter abrandado a taxa de crescimento[356].

Resumidamente, os canais de comunicação seguros, tais como telemóveis com criptografia, as criptomoedas e o mercado da *darknet* tornaram-se ferramentas e plataformas ideais para permitir que as redes criminosas tradicionais continuem e até reforcem e ampliem as suas atividades relacionadas com a droga. Por exemplo, os contactos com fornecedores de droga noutros continentes são facilitados, as mercadorias enviadas podem ser rastreadas e ao mesmo tempo supervisionadas, os mensageiros podem ser instruídos anonimamente e os vestígios das operações podem ser minimizados[357]. Além disso, a distribuição e venda de

[354] EU SOCTA 2021, p. 46. Disponível: https://www.europol.europa.eu/activities-services/main-reports/european-union-serious-and-organised-crime-threat-assessment (última consulta a 14/07/2021).

[355] Ibidem.

[356] Ibidem.

[357] Eurojust Report on Drug trafficking – Experiences and challenges in judicial cooperation, abril 2021, p. 29. Disponível: https://www.eurojust.europa.eu/sites/default/files/Documents/pdf/2021_04_15_drug_trafficking_casework_report.pdf (última consulta a 14/07/2021).

drogas mudou, pois, os clientes podem, atualmente, encomendar através da *darknet*, pagar em criptomoedas e, subsequentemente, receber a sua entrega por correio para uma caixa de correio anónima[358].

Futuramente, é expectável que a tecnologia dos drones evolua, permitindo que estes consigam percorrer distâncias maiores, bem como transportar cargas mais pesadas, tornando-se, também, mais acessíveis. Nesse cenário, é provável que os grupos de criminalidade organizada envolvidos no tráfico de droga invistam nesses recursos tecnológicos para fins de tráfico, a fim de evitar controlos nos pontos de passagem de fronteira, portos e aeroportos[359].

Com base no exposto, será seguro afirmar que a resposta ao comércio de drogas ilícitas requer uma abordagem tão extensa e complexa como o referido comércio[360]. Como parte dos esforços da UE no âmbito do combate às drogas ilegais, esta necessita de tomar medidas estratégicas e operacionais para reduzir a oferta e procura de droga, trabalhando em estreita colaboração com todos os parceiros a nível nacional e internacional, instituições, organismos e agências da União, bem como organizações da sociedade civil[361]. Assim, as agências da UE, como o Observatório Europeu da Droga e da Toxicodependência, de forma abreviada OEDT, e a Europol, desempenham um papel central relativamente ao combate ao tráfico de droga na UE e a nível internacional[362]. Já a ação policial contra o tráfico de droga é coordenada através da EMPACT. A UE volta a sua atuação, também, para os danos causados à saúde devido à utilização de droga. Estes são abordados no âmbito da prevenção, tratamento e serviços de cuidados e redução de danos[363].

[358] Ibidem.

[359] Europol, Business Fundamentals – How Illegal Drugs Sustain Organised Crime in the EU, 2017, pp. 6 e 7. Disponível: https://www.europol.europa.eu/publications-documents/how-illegal-drugs-sustain-organised-crime-in-eu (última consulta a 14/07/2021).

[360] Europol "EU Drug Markets Report", 2019, p. 194. Disponível: https://www.emcdda.europa.eu/publications/joint-publications/eu-drug-markets-report-2019_en (última consulta a 14/07/2021).

[361] Consultar a página: https://ec.europa.eu/home-affairs/what-we-do/policies/organized-crime-and-human-trafficking/drug-control_en (última consulta a 14/07/2021).

[362] Ibidem.

[363] Ibidem.

Um dos meio utilizados na prossecução do objetivo de luta contra o tráfico de droga é a Estratégia da UE de Luta contra a Droga. Segundo a referida estratégia, a UE coordena medidas baseadas em provas, equilibradas e integradas com os países da União e fala a uma só voz a nível internacional[364].

No contexto da Estratégia da UE para a União da Segurança, a Comissão adotou o Plano de Ação da UE de Luta contra a Droga para o período compreendido entre 2021-2025, para estabelecer as prioridades de ação da Comissão no domínio da droga. O objetivo da Estratégia, estruturada em torno de três áreas políticas que contribuirão para alcançar o seu objetivo, e três temas transversais de apoio às áreas políticas, é proteger e melhorar o bem-estar da sociedade e do indivíduo, bem como proteger e promover a saúde pública, oferecer um elevado nível de segurança e bem-estar para o público em geral e aumentar a literacia em saúde. Assim, a supramencionada Estratégia adota uma abordagem baseada em provas, integrada, equilibrada e multidisciplinar do fenómeno da droga a nível nacional, comunitário e internacional, incorporando, também, uma perspetiva de igualdade de género e equidade na saúde[365].

Apesar da tentativa de preparação para o futuro, os dados atuais não são muito encorajadores relativamente à eficácia do combate ao tráfico de drogas. Para corroborar esta afirmação, basta atentar ao "Tsunami Of Cocaine"[366] que assola, cada vez mais, a Europa. Matematicamente, o número de casos de tráfico transfronteiriço de droga quase duplicou em quatro anos, atingindo 562 casos em 2020, em parte devido a um enorme aumento na produção de drogas sintéticas.[367]. De facto, tem-se assistido a um crescimento maciço do comércio ilegal de drogas nos últimos anos, e parece ser o produto de um mercado norte-americano saturado, portos fáceis de infiltrar e milhões de clientes desejosos. O OEDT afirmou

[364] Ibidem.

[365] Ibidem.

[366] Consultar artigo da revista *Forbes*. Disponível: https://www.forbes.com/sites/palashghosh/2021/04/14/a-tsunami-of-cocaine-how-the-eu-developed-a-huge-drug-problem/?sh=78a0df9c631c (última consulta a 14/07/2021).

[367] Consultar artigo do jornal *Reuters*. Disponível: https://www.reuters.com/world/europe/cross-border-drug-trafficking-cases-nearly-doubled-four-years-eu-agency-2021-04-19/ (última consulta a 14/07/2021).

que, em 2018, foi apreendido um máximo histórico de 181 toneladas de cocaína pelas autoridades da UE, principalmente na Bélgica, Espanha e Países Baixos, que foram responsáveis por 78% de tais apreensões no continente. Um dos motivos para esse crescimento da procura, segundo observado pelo OEDT, pode residir no facto de que entre 2008 e 2018 a pureza média da cocaína apreendida na UE aumentou 44%, o que sugere que a droga tem efeitos ainda mais fortes, tornando-a mais atrativa para os toxicodependentes[368]. A par dos motivos que levam ao aumento da procura, é de considerar que o igual aumento da oferta existe, não só, mas também, porque as medidas de combate a este ato criminoso adotadas até agora são ineficazes. Um dos principais problemas prende-se com as investigações paralelas, na sua maioria, descoordenadas. Estas são muito comuns na UE, particularmente em casos que envolvem tráfico de droga, uma vez que os grupos de crime organizado não limitam as suas operações a um país, necessitando de organizar a compra, o transporte e a distribuição, geralmente, em grande escala, em vários países. Embora os procedimentos paralelos coordenados sejam legitimamente considerados benéficos e eficazes no combate a este tipo de criminalidade, as investigações paralelas descoordenadas podem ter o efeito oposto e conduzir ao desperdício de tempo e de recursos, à duplicação de trabalho, levantar questões de violação do princípio *ne bis in idem* e, ainda, podem colocar mutuamente em risco as investigações uma da outra[369].

Para concluir este capítulo, poder-se-á afirmar que a guerra declarada ao tráfico de drogas está a perder cada vez mais batalhas. A pandemia de Covid-19 veio piorar a situação e reforçar a confiança dos traficantes na sua atividade, pois os grupos de crime organizado adaptaram-se rapidamente a um ambiente online, utilizando canais de comunicação seguros, telemóveis com criptografia, criptomoedas e a *darknet*. Em acréscimo, o

[368] Consultar artigo da revista *Forbes*. Disponível: https://www.forbes.com/sites/palashghosh/2021/04/14/a-tsunami-of-cocaine-how-the-eu-developed-a-huge-drug-problem/?sh=78a0df9c631c (última consulta a 14/07/2021).

[369] Eurojust Report on Drug trafficking – Experiences and challenges in judicial cooperation, abril de 2021, p. 19. Disponível: https://www.eurojust.europa.eu/sites/default/files/Documents/pdf/2021_04_15_drug_trafficking_casework_report.pdf (última consulta a 14/07/2021).

rápido aumento da produção de drogas sintéticas, como as metanfetaminas, e a sua venda através de mercados online na darknet dificultam ainda mais o combate ao tráfico de drogas.

Como se tem vindo a analisar, as referidas formas de "criminalidade organizada com dimensão transfronteiriça" representam um grande desafio para os procuradores em toda a União Europeia[370]. Ao longo do próximo capítulo questionar-se-á a eventual necessidade de alargar a competência material da PE a estas formas de criminalidade e a eficácia que tal alargamento traria ao combate às mesmas.

[370] Consultar artigo do jornal *Reuters*. Disponível: https://www.reuters.com/world/europe/cross-border-drug-trafficking-cases-nearly-doubled-four-years-eu-agency-2021-04-19/ (última consulta a 14/07/2021).

Capítulo III
Alargamento da Competência Material da Procuradoria Europeia

3.1. Combate à Criminalidade Grave com Dimensão Transfronteiriça

O processo de integração na UE trouxe novos desafios e oportunidades para os responsáveis pelo combate ao crime organizado. Os Estados-Membros individualmente dependem cada vez mais da cooperação transfronteiriça a nível da UE, especialmente tendo em conta a supressão dos controlos fronteiriços, que permite a qualquer indivíduo circular livremente de uns Estados-Membros para outros[371].

No entanto, o problema do crime organizado não é recente e tem as suas raízes nas profundezas do tempo[372]. Contudo, apesar de ser uma atividade milenar, a sua definição não é dotada de concordância a nível universal, dependendo de várias variáveis tais como o ponto de vista dos envolvidos, o sistema judiciário existente, os criminosos, os preconceitos pessoais e institucionais, os interesses políticos, as culturas e as ideologias dos "Estados alvo", ou dos seus contextos sociais. Tal facto dificulta a coordenação das respostas nacionais ao fenómeno[373].

[371] Luyten, Katrien; Voronova Sofija, European Parliamentary Research Service, "Understanding the EU response to organised crime", in EU policies – Insights, 2020, p. 6. Disponível: https://www.europarl.europa.eu/RegData/etudes/BRIE/2020/652043/EPRS_BRI(2020)652043_EN.pdf (última consulta a 14/07/2021).

[372] Davin, João, "A Criminalidade Organizada Transnacional – A Cooperação Judiciária e Policial na UE", ed. Almedina, 2007, p. 60.

[373] Macedo da Cruz, Nelson, "A Hegemonia do Crime Organizado Transnacional na União Europeia", Ericeira, fevereiro de 2020, ed. Diário de Bordo, p. 155.

Posto isto, é mais fácil compreender porquê que o problema da criminalidade organizada tem sido tratado através de instrumentos comuns numa série de iniciativas desde o início dos anos 90. Antes de proceder à análise dos mecanismos utilizados pela União para combater o flagelo da criminalidade organizada, é relevante salientar que consenso entre os Estados-Membros sobre a necessidade de esforços comuns neste domínio foi o que permitiu a ação a nível da União. Assim, a ação da UE estende-se da prevenção do crime à aplicação da lei e baseia-se em vários instrumentos, tais como medidas legislativas, regras harmonizadas, estatísticas criminais e projetos financiados pela UE ou redes especializadas. Nesse sentido, foram elaborados planos de ação e estratégias para combater o crime organizado em geral e para lidar com as suas especificidades. Nos últimos anos, a UE tem, por exemplo, intensificado[374] o intercâmbio de informações, modernizando e tornando interoperáveis as bases de dados policiais a nível da UE, adotou ainda planos de ação e estratégias sobre tráfico de drogas e de seres humanos, entre outros. Além disso, o problema foi abordado no âmbito da política externa e da estratégia de adesão da UE[375], por exemplo, no que diz respeito a ações exigidas aos países candidatos. A maioria das iniciativas relevantes, contudo, foram tomadas como parte da cooperação policial e judicial em matéria penal[376].

Atualmente, os Estados-Membros estão vinculados por uma série de instrumentos legais anticrime organizado decorrentes do direito comunitário e internacional, incluindo os acordados sob os auspícios de diferentes instituições tais como a ONU, o Conselho da Europa, abreviado CdE e a Organização para a Cooperação e Desenvolvimento Económico, doravante OCDE. A UE participou ativamente na elaboração destes instrumentos internacionais e também se inspirou neles para as suas próprias leis e políticas. Esta interação jurídica a nível internacional pode ser

[374] LUYTEN, KATRIEN; VORONOVA SOFIJA, European Parliamentary Research Service, "Understanding the EU response to organised crime", in EU policies – Insights, 2020, p. 6. Disponível: https://www.europarl.europa.eu/RegData/etudes/BRIE/2020/652043/EPRS_BRI(2020)652043_EN.pdf (última consulta a 14/07/2021).

[375] Ibidem.

[376] Ibidem.

ilustrada pela Convenção de Palermo[377], que é o instrumento de referência mundial neste domínio e, como tal, foi implementada na legislação da UE. A dependência da UE em relação a organizações internacionais conduz assim também, em grande medida, ao alinhamento das leis e políticas da UE com as de países terceiros, ou seja, os parceiros potenciais ou efetivos da UE no combate ao crime transnacional[378].

Com a entrada em vigor do Tratado de Lisboa em 2009, a luta contra o crime organizado tornou-se uma competência jurídica partilhada entre a UE e os Estados-Membros. A cooperação judicial em matéria penal está prevista no artigo 82.º, n.º 1 do TFUE, que estabelece o princípio do reconhecimento mútuo das decisões judiciais e permite a adoção de instrumentos de recolha, congelamento e confisco transfronteiriço de bens de origem criminosa. Através das medidas supramencionadas acreditava-se ser possível alcançar o previsto no número 3 do artigo 67.º do TFUE, ou seja, o comprometimento da UE a atingir "um elevado nível de segurança" no seu território e para os seus cidadãos. Este objetivo específico devia ser alcançado através de uma série de medidas da UE, desde a prevenção e combate à criminalidade, à coordenação entre as autoridades policiais e judiciais, bem como através do reconhecimento mútuo em matéria penal e, se necessário, através da aproximação das legislações penais, incluindo no que diz respeito à criminalidade organizada. Por isso, o número 1 do artigo 83.º do TFUE fornece a base jurídica para o estabelecimento de regras mínimas para a definição de infrações penais e sanções no domínio da criminalidade particularmente grave com uma dimensão transfronteiriça, incluindo a criminalidade organizada. Com base neste artigo, foram adotados vários instrumentos jurídicos para aproximar as definições e sanções penais em relação a determinados tipos específicos de crimes, tais como o tráfico de droga, o tráfico de seres humanos, entre outros,

[377] Convenção das Nações Unidas contra o Crime Organizado Transnacional, Palermo, 2000. Disponível: https://ec.europa.eu/anti-trafficking/sites/default/files/united_nations_convention_organised_crime_en_1.pdf (última consulta 14/07/2021).

[378] LUYTEN, KATRIEN; VORONOVA SOFIJA, European Parliamentary Research Service, "Understanding the EU response to organised crime", in EU policies – Insights, 2020, p. 6. Disponível: https://www.europarl.europa.eu/RegData/etudes/BRIE/2020/652043/EPRS_BRI(2020)652043_EN.pdf (última consulta a 14/07/2021).

sendo que, como sabido, os restantes não adquirem relevância para esta reflexão. O número 2 do artigo 83.º do TFUE prevê outra possibilidade de aproximação das legislações penais quando for considerada necessária para a implementação efetiva de uma política da UE num domínio que tenha sido objeto de medidas de harmonização.[379].

Além do referido, o Tratado de Lisboa permite, também, o estabelecimento de regras mínimas em matéria de processo penal, com a finalidade de facilitar a cooperação penal, nos termos do artigo 82.º, n.º 2 do TFUE, o que levou à adoção de diretivas em áreas anteriormente reguladas por decisões-quadro, por exemplo, a Diretiva de 2012[380], que estabelece normas mínimas relativas aos direitos, ao apoio e à proteção das vítimas da criminalidade[381].

As medidas de combate contra o crime organizado, como já se referiu, foram evoluindo ao longo do tempo. Ao abrigo do Tratado de Lisboa, o Parlamento Europeu adquiriu poderes legislativos iguais aos do Conselho, numa área anteriormente intergovernamental e onde o Parlamento era meramente consultado. Desde 2009, tem desempenhado um papel muito ativo no desenvolvimento da agenda da UE para a luta contra o crime organizado. Tornou a luta contra o crime organizado numa prioridade política e ajudou a moldar a legislação relevante da UE. Várias leis nas áreas da cooperação judiciária em matéria penal e da cooperação policial foram adotadas durante a legislatura parlamentar do período compreendido entre 2014 e 2019. O Parlamento também contribuiu ativamente para a avaliação das políticas da UE, através da criação, em 2012, de uma Comissão Especial sobre a Criminalidade Organizada, a Corrup-

[379] Ibidem, p. 7

[380] Diretiva 2012/29/UE do Parlamento Europeu e do Conselho, de 25 de outubro de 2012, que estabelece normas mínimas relativas aos direitos, ao apoio e à proteção das vítimas da criminalidade, JO – L 315/57, 14 de novembro de 2012. Disponível: https://eur-lex.europa.eu/legal-content/PT/TXT/PDF/?uri=CELEX:32012L0029&from=PT (última consulta a 14/07/2021).

[381] Luyten, Katrien; Voronova Sofija, European Parliamentary Research Service, "Understanding the EU response to organised crime", in EU policies – Insights, 2020, p. 8. Disponível: https://www.europarl.europa.eu/RegData/etudes/BRIE/2020/652043/EPRS_BRI(2020)652043_EN.pdf (última consulta a 14/07/2021).

ção e o Branqueamento de Capitais[382], doravante CRIM, com o objetivo de investigar a extensão e o impacto social e económico do crime organizado transfronteiriço, da corrupção e do branqueamento de capitais na UE e nos Estados-Membros, para examinar o papel e as atividades das agências de assuntos internos da UE, bem como para analisar a implementação da legislação existente e para identificar possíveis novas medidas legislativas. O Comité CRIM fez várias recomendações para melhorar a ação da UE nesta área, nomeadamente apelando à adoção de um plano de ação da UE para erradicar o crime organizado, a corrupção e o branqueamento de capitais[383]. Contudo, as atividades operacionais são da responsabilidade dos Estados-Membros[384].

Em 2010, no seguimento de uma iniciativa de segurança impulsionada pelos Estados-Membros da UE para identificar, dar prioridade e enfrentar as ameaças colocadas pela criminalidade internacional organizada e grave, foi criado o já mencionado EMPACT, que funciona num ciclo político de 4 anos com o objetivo de enfrentar as ameaças criminosas mais importantes que afetam a UE. O Conselho define as prioridades de cada ciclo tendo em conta as recomendações do Relatório de Avaliação da Ameaça do Crime Grave e Organizado da UE[385], abreviado SOCTA, bem como dados de outras agências, tais como Agência Europeia da Guarda de Fronteiras e Costeira[386], denominada de Frontex, a Eurojust e o já mencionado OEDT, de países terceiros parceiros da Europol e de parceiros privados, e de fontes abertas. As prioridades do ciclo político compreendido entre 2018 e 2021 incluem a perturbação das atividades dos grupos do crime organizado e o impedimento dos facilitadores do crime organizado. É dada ênfase ao combate ao contrabando de migran-

[382] Consultar a página: https://www.europarl.europa.eu/committees/pt/archives/7/crim/home/presentation-competencies (última consulta a 14/07/2021).

[383] Luyten, Katrien; Voronova Sofija, European Parliamentary Research Service, "Understanding the EU response to organised crime", in EU policies – Insights, 2020, p. 8. Disponível: https://www.europarl.europa.eu/RegData/etudes/BRIE/2020/652043/EPRS_BRI(2020)652043_EN.pdf (última consulta a 14/07/2021).

[384] Ibidem.

[385] Consultar a página: https://www.policiajudiciaria.pt/relatorio-de-avaliacao-da-ameaca-do-crime-grave-e-organizado-na-ue-socta-2021/ (última consulta a 14/07/2021).

[386] Consultar a página: https://frontex.europa.eu/pt/ (última consulta a 14/07/2021).

tes e ao tráfico de seres humanos, bem como ao abuso de crianças, crime ambiental, cibercrime, fraude documental, finanças criminais e branqueamento de capitais, crime organizado fraude, e tráfico de drogas e armas de fogo[387]. Em 2019, todos os esforços da EMPACT combinados da UE levaram, entre outras coisas, a 8 000 detenções, à identificação de mais de 1 400 vítimas de tráfico de seres humanos e abuso sexual de crianças, à apreensão de 6 000 armas, bem como de 75 toneladas de drogas e produtos químicos, e ao congelamento e apreensão de bens criminosos no valor de 77 milhões de euros[388].

Outra agência europeia de extrema importância para o combate à criminalidade organizada, como abordado[389], é a Europol, que atua como o centro de intercâmbio de informações criminais da UE e fornece apoio operacional e conhecimentos especializados às investigações criminais dos Estados-Membros. Na área da criminalidade grave e organizada, o apoio da Europol aos Estados-Membros centra-se nas prioridades anteriormente identificadas, aquando a explicação do ciclo político da UE correspondente ao período compreendido entre 2018 e 2021[390]. Para maximizar o seu apoio, a agência criou vários centros especializados que lidam direta ou indiretamente com o crime organizado[391].

É, também, imprescindível mencionar o papel da Eurojust[392] na prossecução do objetivo de levar os criminosos graves à justiça. Esta atua jun-

[387] LUYTEN, KATRIEN; VORONOVA SOFIJA, European Parliamentary Research Service, "Understanding the EU response to organised crime", in EU policies – Insights, 2020, p. 8. Disponível: https://www.europarl.europa.eu/RegData/etudes/BRIE/2020/652043/EPRS_BRI(2020)652043_EN.pdf (última consulta a 14/07/2021).

[388] Ibidem.

[389] Ver ponto 1.2 desta reflexão, pp. 49 e 50.

[390] LUYTEN, KATRIEN; VORONOVA SOFIJA, European Parliamentary Research Service, "Understanding the EU response to organised crime", in EU policies – Insights, 2020, p. 9. Disponível: https://www.europarl.europa.eu/RegData/etudes/BRIE/2020/652043/EPRS_BRI(2020)652043_EN.pdf (última consulta a 14/07/2021).

[391] Os referidos centros são o Centro Europeu da Cibercriminalidade, o Centro Europeu de Luta contra a Criminalidade Grave e Organizada, que incorpora o Centro Europeu contra a Introdução Clandestina de Migrantes, o Centro Europeu de Luta contra o Terrorismo, a Coligação Coordenada contra as Infrações aos Direitos de Propriedade Intelectual e, mais recentemente, o Centro Europeu de Criminalidade Económica e Financeira.

[392] Ver ponto 1.2 desta reflexão, pp. 39 a 43.

tos dos os procuradores e de outros investigadores dos Estados-Membros da UE, prestando-lhes assistência[393].

No cômputo geral, poderá afirmar-se que tem havido um envolvimento crescente de agências especializadas que apoiam as autoridades nacionais de aplicação da lei na luta contra o crime grave e organizado. Nesse sentido, foi, também, criada a PE, com os propósitos e desafios já anteriormente destacados[394]. Apesar de, atualmente, a competência da PE se limitar a combater os crimes contra o orçamento da UE, esta pode vir a ter um papel fundamental na luta contra a criminalidade organizada[395].

Assim, embora o Conselho Europeu estabeleça o quadro estratégico mais amplo no que diz respeito à segurança interna da UE, os pormenores operacionais e legislativos são deixados para as outras instituições relevantes da UE[396].

Um estudo do Serviço de Estudos do Parlamento Europeu[397] de 2020, EPRS, que analisou o possível âmbito de ação com base nos atuais Tratados da UE, procurou, entre outras coisas, formas de melhor proteger os cidadãos da UE da criminalidade grave e organizada. Uma via possível seria utilizar as disposições do artigo 85.º, n.º 1, alínea a) do TFUE para conceder à Eurojust o poder vinculativo de iniciar investigações em todas as áreas da sua competência, ou seja, incluindo o crime organizado[398]. Se tal sucedesse, a PE veria a razão da sua existência a diminuir, até ser totalmente absorvida pela Eurojust. Para solucionar o problema e, ainda assim, reforçar o combate contra o crime organizado, dever-se-ia atribuir

[393] Luyten, Katrien; Voronova Sofija, European Parliamentary Research Service, "Understanding the EU response to organised crime", in EU policies – Insights, 2020, p. 9. Disponível: https://www.europarl.europa.eu/RegData/etudes/BRIE/2020/652043/EPRS_BRI(2020)652043_EN.pdf (última consulta a 14/07/2021).

[394] Ver capítulo I desta reflexão.

[395] Ibidem.

[396] Ibidem, p. 8.

[397] Consultar a página: https://www.europarl.europa.eu/at-your-service/pt/stay-informed/research-and-analysis (última consulta a 15/07/2021).

[398] Luyten, Katrien; Voronova Sofija, European Parliamentary Research Service, "Understanding the EU response to organised crime", in EU policies – Insights, 2020, p. 10. Disponível: https://www.europarl.europa.eu/RegData/etudes/BRIE/2020/652043/EPRS_BRI(2020)652043_EN.pdf (última consulta a 14/07/2021).

à PE um maior campo de ação para exercer as funções para as quais foi criada, tal como permite o TFUE, no seu artigo 86.º, n.º 4.

Ainda na senda de encontrar uma solução mais eficaz para travar a criminalidade organizada, em 2017, o Parlamento defendeu que a Eurojust e a Europol recebessem competências e capacidades genuínas de investigação e ação penal, possivelmente através de uma transformação num verdadeiro gabinete europeu de investigação e combate ao terrorismo. Novamente, o potencial do novo Ministério Público Europeu estava a ser subestimado, sendo-lhe subtraídas as suas funções legalmente atribuídas[399].

Tendo em conta que os grupos de crime organizado exploram rapidamente a livre circulação dentro da UE, o estudo EPRS 2020[400] apontou as limitações práticas enfrentadas pelas operações policiais e judiciais transfronteiriças, devido às diferentes legislações nacionais e ferramentas técnicas. Nos termos do artigo 89.º do TFUE, várias medidas poderiam ser adotadas para permitir que os organismos nacionais de justiça criminal e a polícia operem no território de outros Estados-Membros de forma mais eficiente. Tais medidas incluem o alargamento no âmbito da perseguição em flagrante delito, a harmonização das normas de comunicação e de equipamento policial e a melhoria da recolha de provas transfronteiriças. Além disso, a alínea c) do número 2 do artigo 87.º do TFUE poderia ser utilizada para estabelecer técnicas de investigação comuns a nível da UE, como meio de reforçar a cooperação policial[401]. Contudo, assemelha-se mais prático e mais eficaz concentrar esforços no sentido de atribuir um leque de competências mais vasto à PE, que, assim, colmataria as falhas apontadas.

Far-se-á, agora, uma pequena e rápida análise acerca dos custos envolvidos na resposta ao crime organizado. Segundo apurado até agora, os custos mínimos da resposta ao crime organizado a nível da UE são de 210 milhões de euros e isto não inclui os orçamentos das agências nacionais. Em Itália, por exemplo, apesar do orçamento da Agência de Inteligência italiana ter diminuído acentuadamente nos últimos anos para cerca de 10

[399] Ibidem.

[400] Ibidem.

[401] Ibidem.

milhões de euros, verificam-se despesas significativas com o crime organizado por parte de outros doze órgãos de investigação italianos[402].

Além dos custos mencionados, existem muitos outros custos substanciais, como por exemplo, os custos incorridos pelo sector privado na resposta ao branqueamento de capitais e suborno transnacionais, como exigido pelas diretivas da UE e por outras obrigações legais. Os custos supramencionados não foram contabilizados de forma inteiramente fiável em toda a União nem mesmo em qualquer Estado-Membro individualmente, mas é certo excederem grandemente o custo das despesas anticrime a nível da UE, tendo por base o orçamento da UE [403].

A análise dos custos direciona o nosso foco para consequências bastante específicas e materiais dos crimes graves para o lucro, no entanto, alguns grupos de criminalidade organizada assumem, também, um papel político, que ameaça e intimida o governo de alguns Estados-Membros. Estas associações de cariz mafioso podem estar concentradas em regiões específicas de alguns Estados-Membros da UE, como a Itália e a Bulgária, e podem razoavelmente ser vistas como uma ameaça para o Estado de lá, apesar de provocarem principalmente efeitos a nível local, embora a lavagem de dinheiro feita por eles possa ajudar a cometer crimes noutros locais[404]. Relativamente às organizações criminosas não associadas ao poder político de uma região, muito resumidamente, poderá ser considerado que a maioria das atividades dos criminosos organizados causam danos graves e que o capital criminoso é uma fonte de reinvestimento criminoso e de aumento da capacidade de causar mais danos. É importante realçar que o anteriormente descrito ocorre na generalidade dos grupos de criminalidade organizada, independentemente de existir ou não uma interligação da criminalidade com a política que torna o crime organizado uma ameaça para alguns Estados[405].

[402] Levi, Michael, "The impacts of organised crime in the EU: some preliminary thoughts on measurement difficulties", *in Contemporary Social Science*, vol. 11, 2016, pp. 11 e 12. Disponível: https://www.semanticscholar.org/paper/The-impacts-of-organised-crime-in-the-EU%3A-some-on-Levi/0b81556cdddb6bd7ecffece5ecf1785e22b09f7b (última consulta a 14/07/2021).

[403] Ibidem.

[404] Ibidem, p. 12.

[405] Ibidem.

Para concluir, é seguro afirmar que a adoção de uma infinidade de medidas legislativas e iniciativas políticas da UE destinadas a combater o terrorismo e o crime organizado, tais como decisões, decisões-quadro, convenções e o número crescente de organismos e agências dedicados à segurança, estabeleceram a segurança interna da UE como um dos domínios mais dinâmicos da elaboração de políticas da UE. A densidade e a variedade de ferramentas, instrumentos e agentes da União têm, no entanto, o efeito de enevoar a nossa compreensão acerca do que realmente está em questão[406]. No entanto, com base no exposto ao longo do presente capítulo, releva mencionar que, apesar dos progressos realizados pelos Estados-Membros ao longo dos anos neste domínio, a ameaça representada pelos grupos de criminalidade organizada continua a ser elevada e os métodos de combate insuficientes, uma vez que estes estão constantemente a adaptar o seu *modus operandi*, utilizando novas tecnologias e aproveitando as oportunidades para obter lucros ilícitos[407]e, comparativamente, o "desenvolvimentos de meios eficazes de prevenção e repressão destas atividades criminosas processa-se a um ritmo lento, quase sempre desfasado delas"[408].

3.2. A (melhor) Concretização de um Espaço de Liberdade, Segurança e Justiça

Importa voltar o discurso, novamente, para a PE e a sua importância ao nível da cooperação judiciária e da ação penal na União, concentrando a atenção na necessidade de ampliar a competência material deste novo

[406] Directorate General for Internal Policies – Policy Department C: Citizens' Rights and Constitutional Affairs, "Developing an EU Internal Security Strategy, fighting terrorism and organized crime", p. 17. Disponível: https://www.europarl.europa.eu/document/activities/cont/201206/20120627ATT47777/20120627ATT47777EN.pdf (última consulta a 14/07/2021).

[407] Comissão Europeia – Perguntas e respostas, "Estratégia da UE para combater a criminalidade organizada e Estratégia da UE para combater o tráfico de seres humanos Perguntas e respostas", 2021. Disponível: https://ec.europa.eu/commission/presscorner/detail/pt/qanda_21_1664 (última consulta a 14/07/2021)

[408] Sousa, Alfredo José De, "A Criminalidade Transnacional na União Europeia – Um Ministério Público Europeu?", ed. Almedina, 2005, p. 79.

órgão, de modo a abranger o terrorismo, o tráfico humano e o tráfico de drogas.

Tal como abordado no capítulo anterior, a cooperação entre Estados--Membros baseia-se, essencialmente, no reconhecimento mútuo das sentenças e decisões judiciais, nos termos do já mencionado artigo 82.º do TFUE, e engloba quer a aproximação das disposições legislativas quer regulamentares dos Estados-Membros, nos domínios a que que se refere o número dois do artigo 82.º e o artigo 83.º, ambos do TFUE. Além disso, o artigo 84.º do referido diploma legal enumera uma série de medidas destinadas a incentivar e apoiar a ação dos Estados-Membros no domínio da prevenção da criminalidade. No sentido de que a cooperação entre Estados-Membros fosse cada vez mais eficaz, a União adotou vários instrumentos legislativos em conformidade com o princípio do reconhecimento mútuo. Entre eles, os mais relevantes são o Mandado de Detenção Europeu, abreviado MDE, o Mandado Europeu de Obtenção de Provas e a Decisão Europeia de Investigação em Matéria Penal, abreviadamente DEI[409]. No entanto, pairava o sentimento de que poderia ser adotada uma solução melhor em termos de cooperação judiciária.

De facto, a criação de um Ministério Público Europeu reduziria as dificuldades observadas na realização de investigações criminais que abranjam diferentes Estados-Membros, como a morosidade na comunicação e as diferentes regras probatórias de cada Estado-Membro. Além disso, a atuação da PE poria termo a situações em que as autoridades judiciais de um Estado-Membro não abririam investigações criminais, seguindo as indicações de autoridades equivalentes de outro Estado-Membro, o que reduziria significativamente as probabilidades de prevenir tais crimes[410].

Outro fator que prova a necessidade da existência deste novo órgão europeu é o facto de as agências da União terem vindo a falhar até agora, sobretudo neste tipo de cooperação. Não parecem haver dúvidas quanto à dificuldade sentida em obter uma troca de informações efetiva, leal

[409] Nato, Alessandro, "The European Public Prosecutor's Office between counter-terrorism and strengthening of the European citizens' safety", *in Civitas Europa*, n.º 37, ed. IRENEE, 2016, pp. 320 e 321. Disponível: https://www.cairn.info/revue-civitas-europa-2016-2-page-317.htm (última consulta a 15/07/2021).
[410] Ibidem, p. 324.

e completa, facto que se estende também aos relatórios de crimes e às medidas de investigação entre as autoridades de diferentes Estados-Membros. Nesse sentido, verifica-se que as autoridades nacionais não colaboram efetivamente entre si, tal como previsto pelo princípio da confiança mútua, refletindo-se nos fluxos de notícias que chegam à Eurojust. Estes parecem, de acordo com muitas organizações nacionais, insuficientes e, por vezes, reticentes[411].

Considerando que a PE teria a função de agir como um único Ministério Público para toda a União, ou seja, abrangendo um espaço geográfico muito superior ao coberto pelo território de um único Estado-Membro, a UE seria para o Ministério Público Europeu um território inteiro e indivisível, no qual poderia exercer os seus poderes de forma independente, intervir prontamente e transmitir rapidamente as informações necessárias para as investigações[412]. Facilmente se depreende as vantagens deste tipo de atuação, que permitiria superar, definitivamente, quer o problema do envio e obtenção de provas como o da condução de processos penais em casos transnacionais, pois a PE poderia recolher determinados elementos de prova sem ter limites territoriais nas suas investigações. Contrariamente, o papel dos Procuradores nacionais é bastante mais limitado e o seu percurso consideravelmente obstaculizado, pois relativamente às investigações com relevância transnacional, os referidos Procuradores dos Estados-Membros só podem iniciar o processo de colaboração e transmitir provas e documentos previamente obtidos uns aos outros. Isto não evita a possibilidade de as duas investigações criminais serem dois processos separados, conduzido de acordo com diferentes critérios nacionais, facilitando a que sejam proferidas duas conclusões judiciais diferentes para o mesmo crime em dois Estados-Membros diferentes, podendo até colocar em causa, dependendo das circunstâncias, o princípio do *ne bis in idem*. No entanto, a solução para eliminar o risco de juízos divergentes não é inalcançável pois, se a investigação for conduzida por um Procurador Europeu, que teve a possibilidade de recolher todas as provas necessárias em todos os Estados-membros envolvidos e que também tem o poder de conduzir ações penais perante uma jurisdição

[411] Ibidem.

[412] Ibidem, pp. 324 e 325.

nacional única em relação a todos os arguidos[413], esse risco já será, muito provavelmente, mais reduzido.

Resumidamente, em comparação com o trabalho dos Procuradores nacionais, que operam apenas numa base territorial, o valor acrescentado da PE reflete-se através da possibilidade de o Procurador Europeu poder apreender toda a complexidade das redes criadas por grupos de crime organizado. Assim, o Procurador Europeu seria capaz de reconstruir os fios invisíveis na base territorial, para localizar as ligações entre as redes terroristas, as suas fontes de financiamento, os modelos de recrutamento e as relações entre as diferentes redes nacionais. A constante troca de informações a nível internacional e o estabelecimento de uma base de dados informatizada, a que os Procuradores Europeus detêm acesso direto, são outros fatores que demonstram a vantagem da investigação europeia face aos sistemas de investigação nacionais[414].

Assim, não restarão dúvidas de que a atuação da PE permitirá, por um lado, ir além dos instrumentos de cooperação existentes e alcançar resultados mais eficazes e, por outro lado, completar e reforçar os instrumentos judiciais operacionais de cooperação em matéria penal, oferecendo uma melhor contribuição para a prossecução do objetivo do que a fornecida, atualmente, pela Eurojust[415].

Admitindo como certo que a criação de uma organização europeia como a PE faz parte do desenvolvimento e reforço do domínio da cooperação judiciária em matéria penal[416], seria importante ponderar sobre a possibilidade de alargar o seu campo de atuação. Como já referido ao longo desta reflexão, a base jurídica primordial do novo Ministério Público Europeu assenta no artigo 86.º do TFUE, que confere à PE poderes para investigar, deduzir acusação e levar a julgamento os autores de infrações contra os interesses financeiros da União. No entanto, o referido diploma legal também abrangeu a possibilidade de alargar a competência deste novo órgão europeu, tal como plasmado no número 4 do artigo 86.º do TFUE. Esta norma permite ao Conselho Europeu, com base numa deci-

[413] Ibidem, p. 325.

[414] Ibidem.

[415] Ibidem, p. 321.

[416] Ibidem, p. 320.

são unânime, após a aprovação do Parlamento Europeu e após consulta da Comissão Europeia, alargar a competência material da PE[417], qua passaria a incluir a "criminalidade grave com dimensão transfronteiriça". De acordo com o disposto no artigo 83.º do TFUE, tanto o terrorismo como o tráfico de seres humanos e de drogas enquadram-se no domínio de criminalidade em causa. Deste modo, legalmente nada obsta ao alargamento da competência material da PE de forma a abranger os tipos de criminalidade supramencionados. Além disso, a ampliação da competência material da PE, abrangendo crimes como o terrorismo, o tráfico de drogas e o tráfico humano, representaria um considerável passo em frente para a criação de um verdadeiro espaço de liberdade, segurança e justiça e ofereceria maior segurança aos cidadãos europeus[418].

Uma questão pertinente é saber se a decisão unânime necessária para estender a competência da PE a crimes graves de dimensão transnacional, requerida pelo número 4 do artigo 86.º do TFUE, implica a votação de todos os Estados-Membros da UE, ou apenas daqueles que fazem parte deste projeto de cooperação reforçada[419]. Esta questão não é puramente teórica se se considerar que uma das razões que levou um Estado-Membro, especificamente a Itália, a não participar imediatamente no regulamento que institui a PE foi o facto de o projeto de regulamento do Conselho Europeu que implementa a cooperação reforçada sobre a criação da PE não ter alargado a sua competência aos crimes relacionados com o terrorismo[420]. Assim, a resposta a esta pergunta é de considerável importância porque a futura decisão de alargar a competência da PE aos atos de criminalidade organizada explanados ao longo desta reflexão pode acabar por ser praticamente impossível ou excessivamente difícil se for necessária uma decisão unânime de todos os Estados-Membros. Apesar de algumas opiniões penderem no sentido da necessidade de

[417] Ibidem, p. 322..

[418] Ibidem, p. 321.

[419] Maesa, Costanza Di Francesco, "Repercussions of the Establishment of the EPPO via Enhanced Cooperation – EPPO's Added Value and the Possibility to Extend Its Competence" *in eucrim – The European Criminal Law Associations' Forum*, 2017, p. 158. Disponível: https://eucrim.eu/media/issue/pdf/eucrim_issue_2017-03.pdf (última consulta a 15/07/20221).

[420] Ibidem.

unanimidade de todos os Estados-Membros da União, para Costanza Di Francesco Maesa, a folha explicativa do Conselho da União Europeia, de março de 2017, sobre a proposta de criação de uma Procuradoria Europeia, revela a decisão de alargar a competência material da PE teria de ser tomada por unanimidade a nível do Conselho Europeu apenas pelos estados membros participantes na cooperação reforçada[421].

Para corroborar o referido anteriormente, basta atentar ao facto de que a questão da extensão da competência material da PE à criminalidade grave transfronteiriça já foi alvo de apoio quer em círculos políticos, quer académicos[422]. O antigo Presidente da Comissão Europeia Jean-Claude Junker, no seu discurso sobre o Estado da União de 2017, afirmou que a UE deve ser mais forte na luta contra o terrorismo, pois, apesar dos verdadeiros progressos que se verificaram aos longo dos últimos anos, ainda faltam os meios para agir rapidamente no que toca a ameaças transfronteiriças[423], o que constitui, para Jean-Claude Junker, um forte argumento a favor de encarregar o novo Ministério Público Europeu de perseguir os crimes terroristas transfronteiriços[424].

No mesmo sentido, discursou o Presidente da República Francesa, Emmanuel Macron, na iniciativa por uma Europa Soberana, Unida e Democrática. Este afirmou que face ao terrorismo global, a segurança da Europa precisa de ser o escudo dos europeus, pois os terroristas estão a infiltrar-se em toda a Europa, e as suas redes estão lá. Portanto, é necessário agir em conjunto, desde a prevenção até à repressão. Com base nesse argumento, reforçou que precisamos de criar um Ministério Público Europeu para o crime organizado e para o terrorismo, além das atuais competências da PE[425].

[421] Ibidem, p. 159.

[422] GIUFFRIDA, FABIO, "Cross-Border Crimes and the European Public Prosecutor's Office" *in eucrim – The European Criminal Law Associations' Forum*, 2017, p. 149. Disponível: https://eucrim.eu/media/issue/pdf/eucrim_issue_2017-03.pdf (última consulta a 15/07/20221).

[423] Discurso do antigo Presidente da Comissão Europeia Jean-Claude Junker sobre o Estado da União de 2017. Disponível: https://ec.europa.eu/commission/presscorner/detail/en/SPEECH_17_3165 (última consulta a 15/07/2021).

[424] Ibidem.

[425] Discurso do Presidente da República Francesa, Emmanuel Macron, "Pour une Europe Souveraine, Unie, Démocratique", em 2017, na Universidade da Sorbonne. Disponível:

Em jeito de conclusão, poder-se-á afirmar que sem um Ministério Público Europeu com competência na luta contra a criminalidade grave com dimensão transfronteiriça a operar em todo o território da União, garantir a segurança dos cidadãos da União poderá ficar aquém do desejado. O atual sistema de luta e repressão levado a cabo independentemente por cada Estado-Membro permite aos infratores escolher o local onde a atividade criminosa irá operar ou o Estado-Membro para onde se deslocarão livremente após cometerem um crime grave. Precisamente neste período histórico, a PE parece ser, mais do que nunca, necessária para proteger os cidadãos europeus do tráfico de seres humanos, do tráfico de droga e da ameaça terrorista, cuja atividade fere os valores fundamentais e os direitos humanos que constituem o cerne da União Europeia, tais como a solidariedade, a liberdade, incluindo a liberdade de expressão, o pluralismo, a democracia, a tolerância e a dignidade humana. Todos os cidadãos têm o direito de viver livres do medo, quaisquer que sejam as suas opiniões ou crenças. Por isso, é essencial que os valores comuns e transversais a todos os Estados-Membros sejam protegidos da violência baseada em motivações étnicas, religiosas, racistas[426] ou de qualquer outra espécie. O regulamento final da PE constitui, indubitavelmente, o primeiro passo para a criação de um organismo supranacional ao nível da União, ao qual pode ser atribuído um leque mais vasto de competência do que o atual para lidar com certos tipos de crimes[427]. É evidente que uma tal extensão significa dar um passo em frente com ousadia na direção de uma Europa federal, em que um Ministério Público Europeu seja competente para atuar contra crimes que afetam interesses de segurança

https://www.elysee.fr/front/pdf/elysee-module-795-fr.pdf (última consulta a 15/07/20221).

[426] Declaração dos membros do Conselho Europeu decorrente da reunião informal dos Chefes de Estado ou de Governo, de 12 de fevereiro de 2015. Disponível: https://www.consilium.europa.eu/en/press/press-releases/2015/02/12/european-council-statement-fight-against-terrorism/ (última consulta a 15/07/2021).

[427] Maesa, Costanza Di Francesco, "Repercussions of the Establishment of the EPPO via Enhanced Cooperation – EPPO's Added Value and the Possibility to Extend Its Competence" *in eucrim – The European Criminal Law Associations' Forum*, 2017, p. 159. Disponível: https://eucrim.eu/media/issue/pdf/eucrim_issue_2017-03.pdf (última consulta a 15/07/20221).

comuns[428], reforçando, também, o espírito de identidade da União. Deste modo, a criação de uma PE com estas características parece um objetivo que tem tanto de distante[429] como de necessário, e essa constatação pode ser a primeira pincelada na criação de um espaço de (maior) liberdade, segurança e justiça.

[428] GIUFFRIDA, FABIO, "Cross-Border Crimes and the European Public Prosecutor's Office" *in eucrim – The European Criminal Law Associations' Forum*, 2017, p. 151. Disponível: https://eucrim.eu/media/issue/pdf/eucrim_issue_2017-03.pdf (última consulta a 15/07/20221).
[429] NATO, ALESSANDRO, "The European Public Prosecutor's Office between counter-terrorism and strengthening of the European citizens' safety", *in Civitas Europa*, n.º 37, ed. IRENEE, 2016, pp. 325 e 326. Disponível: https://www.cairn.info/revue-civitas-europa-2016-2-page-317.htm (última consulta a 15/07/2021).

Conclusão

Finda a presente reflexão, poder-se-á retirar a conclusão clara da insuficiência de meios e de recursos dos Estados nacionais no combate à criminalidade grave transfronteiriça, em especial o terrorismo e o tráfico de seres humanos e de drogas. Não é, de todo, surpreendente que tal suceda, pois, combater grupos de criminalidade organizada espalhados por toda a europa com armas nacionais é uma missão quase impossível[430].

Foi, também, observado que as circunstâncias conturbadas do período histórico atual facilitam a atividade criminosa de vários grupos organizados[431], daí ser necessário, agora especialmente, reforçar ainda mais a segurança dos cidadãos europeus e impedir os ataques constantes aos valores fundamentais e os direitos humanos que enformam a União Europeia[432].

É seguro afirmar que a ameaça representada pelos grupos de criminalidade organizada continua a ser elevada e os métodos de combate insuficientes[433], o que, a prolongar-se no tempo, pode originar uma UE

[430] Nato, Alessandro, "The European Public Prosecutor's Office between counter-terrorism and strengthening of the European citizens' safety", *in Civitas Europa*, n.º 37, ed. IRENEE, 2016, p. 325. Disponível: https://www.cairn.info/revue-civitas-europa-2016-2-page-317.htm (última consulta a 15/07/2021).

[431] 10th General Report on Greta's Activities covering the period from 1 January to 31 December 2020, p. 31. Disponível: https://rm.coe.int/10th-general-report-greta-activities-en/1680a21620 (última consulta a 15/07/2021).

[432] Declaração dos membros do Conselho Europeu decorrente da reunião informal dos Chefes de Estado ou de Governo, de 12 de fevereiro de 2015. Disponível: https://www.consilium.europa.eu/en/press/press-releases/2015/02/12/european-council-statement-fight-against-terrorism/ (última consulta a 15/07/2021).

[433] Sousa, Alfredo José De, "A Criminalidade Transnacional na União Europeia – Um Ministério Público Europeu?", ed. Almedina, 2005, p. 79.

frágil, insegura e incapaz de agir, no fundo, uma UE sabotada pelos seus próprios Estados-Membros.

Deste modo, a melhor forma de garantir a segurança dos cidadãos passaria pelo reforço dos poderes da PE, designadamente através da ampliação da sua competência material, pois, para vencer o sentimento de impunidade dos grupos criminosos em causa e, consequentemente, reduzir a atividades destes, é necessário que a europa esteja mais unida do que nunca, que seja capaz de atuar em nome de todos, mas a uma só voz. Tal pode ser conseguido através da transformação da, atualmente, utópica e ousada possibilidade de ampliação da competência material da PE numa hipótese real, contribuindo, assim, para a concretização de um verdadeiro espaço de liberdade, segurança e justiça.

Para tal, será, de certo modo, inevitável concluir que é necessário a existência de uma atuação transnacional, que supere os entraves que as fronteiras, ainda que invisíveis, colocam ao combate ao terrorismo, ao tráfico humano e ao tráfico de drogas, atuação essa que não esteja limitada a alguns atos de investigação, mas que seja competente para exercer a ação penal, estando presente em todas as fases do processo. Nesse sentido, alargar a competência material da PE às referidas formas de "criminalidade grave com dimensão transfronteiriça" assemelha-se uma solução capaz de fazer frente a este flagelo, ao mesmo tempo que contribui para a existência de uma europa verdadeiramente unida, que é capaz de apresentar a mesma solução para os mesmos problemas.

Apesar de parecer uma ideia longínqua e, até, impraticável, é inegável que com a entrada em funcionamento da PE a 1 de junho, poder-se-á considerar que esta discussão está agora em aberto mais do que nunca.

BIBLIOGRAFIA CITADA

Doutrina

Albuquerque, José P. Ribeiro de, "Eppo – building federal? A instituição da Procuradoria Europeia e os Estatutos dos Ministérios Públicos dos EM da EU: parâmetros mínimos de independência", in Os Novos Desafios da Cooperação Judiciária e Policial da União Europeia e da Implementação da Procuradoria Europeia, Coord. Margarida Santos, Mário Ferreira Monte e Fernando Conde Monteiro, Centro Interdisciplinar em Direitos Humanos da Escola de Direito da Universidade do Minho, 2017.

Alexandrova, Vera, "Presentation of the Commission's Proposal on the Establishment of the European Public Prosecutor's Office" in The European Public Prosecutor's Office – An Extended Arm or a Two-Headed Dragon?, Coord. L.H. Erkelens, A.W.H. Meij, M. Pawlik, Haia, Ed. Springer, 2015.

Angelis, Francesco de, "The European Public Prosecutor's Office (EPPO) – Past, Present, and Future", in eucrim, The European Criminal Law Associations' Forum, 2019/4. Disponível: https://eucrim.eu/media/issue/pdf/eucrim_issue_2019-04.pdf#page=50 (última consulta a 07/05/2021).

Artigo "Open your eyes to trafficking!", do Human Rights Channel do Conselho da Europa. Disponível: https://www.coe.int/en/web/human-rights-channel/european-anti-trafficking-day (última consulta a 06/07/2021).

Artigo da revista Forbes. Disponível: https://www.forbes.com/sites/palashghosh/2021/04/14/a-tsunami-of-cocaine-how-the-eu-developed-a-huge-drug-problem/?sh=78a0df9c631c (última consulta a 14/07/2021).

Artigo da revista Forbes. Disponível: https://www.forbes.com/sites/palashghosh/2021/04/14/a-tsunami-of-cocaine-how-the-eu-developed-a-huge-drug-problem/?sh=78a0df9c631c (última consulta a 14/07/2021).

BÖSE, MARTIN, "Judicial Control of the European Public Prosecutor's Office", in EU Criminal Justice, Fundamental Rights, Transnational Proceedings and the European Public Prosecutor's Office, ed. Springer, Catânia, 2018.

BRETTEVILLE-JENSEN, ANNE; MIKULIC, SANIA et al., "Costs and Unintended Consequences of Drug Control Policies", in Report by the expert group on possible adverse effects and associated costs of drug control policies, 2017. Disponível: https://rm.coe.int/costs-and-unitended-consequences-of-drug--control-policies/16807701a9 (última consulta a 13/07/2021).

BRIÈRE, CHLOÉ, "Procedural issues under EPPO's legislative framework", in Os Novos Desafios da Cooperação Judiciária e Policial da União Europeia e da Implementação da Procuradoria Europeia, Coord. Margarida Santos, Mário Ferreira Monte e Fernando Conde Monteiro, Centro Interdisciplinar em Direitos Humanos da Escola de Direito da Universidade do Minho, 2017.

CAEIRO, PEDRO; LEMOS, MIGUEL ÂNGELO, "Content and impact of approximation: The case of terrorist offences", in Approximation of substantive criminal law in the EU, The way forward, coord. Francesca Galli, Anne Weyembergh, ed. Universidade de Bruxelas, Institut d´Etudes Europeennes, 2013.

Comissão Europeia – Perguntas e respostas, "Estratégia da UE para combater a criminalidade organizada e Estratégia da UE para combater o tráfico de seres humanos Perguntas e respostas", 2021. Disponível: https://ec.europa.eu/commission/presscorner/detail/pt/qanda_21_1664 (última consulta a 14/07/2021)

Communication from the Commission, 29 September 2000, The criminal protection of the Community's financial interests: a European Prosecutor [COM(2000)] 608 final. Disponível: https://eur-lex.europa.eu/LexUriServ/LexUriServ.do?uri=COM:2000:0608:FIN:EN:PDF (última consulta a 18-04-2021).

Comunicação da Comissão ao Parlamento Europeu, ao Conselho Europeu, ao Conselho, ao Comité Económico e Social Europeu e ao Comité das Regiões sobre a Estratégia da UE para a União da Segurança, de 24 de julho de 2020. Disponível: https://eur-lex.europa.eu/legal-content/PT/TXT/PDF/?uri=CELEX:52020DC0605&from=EN (última consulta a 02/07/2021).

Comunicado de imprensa do Conselho da União Europeia, 14 de outubro de 2019. Disponível: Procuradoria Europeia: https://www.consilium.europa.eu/pt/press/press-releases/2019/10/14/eu-public-prosecutor-s-office-eppo-

-laura-codruta-kovesi-to-become-the-first-european-chief-prosecutor/ (última consulta a 31-05-2021).

Csonka, Peter "Establishment of the European Public Prosecutor's Office", in Protecting fundamental and procedural rights from the investigations of OLAF to the future EPPO. Disponível: http://www.europeanrights.eu/olaf/pdf_eng/3-Establishment%20of%20the%20European-pc.pdf (última consulta a 03-05-2021).

Csonka, Peter, "General Presentation of the Proposal and Main Issues: The State of Negotiations, Solutions Reached and Main Issues to be Resolved", in Os Novos Desafios da Cooperação Judiciária e Policial da União Europeia e da Implementação da Procuradoria Europeia, Coord. Margarida Santos, Mário Ferreira Monte e Fernando Conde Monteiro, Centro Interdisciplinar em Direitos Humanos da Escola de Direito da Universidade do Minho, 2017.

Davin, João, "A Criminalidade Organizada Transnacional – A Cooperação Judiciária e Policial na UE", ed. Almedina, novembro de 2007.

Declaração dos membros do Conselho Europeu decorrente da reunião informal dos Chefes de Estado ou de Governo, de 12 de fevereiro de 2015. Disponível: https://www.consilium.europa.eu/en/press/press-releases/2015/02/12/european-council-statement-fight-against-terrorism/ (última consulta a 15/07/2021).

Den Boer, Monica, "9/11 and The Europeanisation of Anti-Terrorism Policy: A Critical Assessment", in Policy Papers, N.º 6, Groupement d' Études et de Recherches, Notre Europe, 2003. Disponível: https://institutdelors.eu/wp-content/uploads/2018/01/policypaper6.pdf (última consulta a 24/06/2021).

Directorate General for Internal Policies – Policy Department C: Citizens' Rights and Constitutional Affairs, "Developing an EU Internal Security Strategy, fighting terrorism and organized crime". Disponível: https://www.europarl.europa.eu/document/activities/cont/201206/20120627ATT47777/20120627ATT47777EN.pdf (última consulta a 14/07/2021).

Discurso do antigo Presidente da Comissão Europeia Jean-Claude Junker sobre o Estado da União de 2017. Disponível: https://ec.europa.eu/commission/presscorner/detail/en/SPEECH_17_3165 (última consulta a 15/07/2021).

Discurso do Presidente da República Francesa, Emmanuel Macron, "Pour une Europe Souveraine, Unie, Démocratique", em 2017, na Universidade da Sorbonne. Disponível: https://www.elysee.fr/front/pdf/elysee-module-795-fr.pdf (última consulta a 15/07/20221).

Europol "EU Drug Markets – Impact of COVID-19", maio de 2020. Disponível: https://www.emcdda.europa.eu/publications/joint-publications/eu-drug-markets-impact-of-covid-19_en (última consulta a 13/07/2021).

Europol, Business Fundamentals – How Illegal Drugs Sustain Organised Crime in the EU, 2017. Disponível: https://www.europol.europa.eu/publications-documents/how-illegal-drugs-sustain-organised-crime-in-eu (última consulta a 13/07/2021).

Fransen, Vanessa, "Proposed regulation on the european public prosecutor – thinking federal?", 8 de Agosto de 2013. Disponível em http://europeanlawblog.eu/?p=1887 (última consulta a 18-04-2021).

Gebska, Marta, "Human Trafficking aas a challenge for International Security and Security in Europe", in Torun International Studies, 2020. Disponível: https://pdfs.semanticscholar.org/89c8/644a4115ee1fa06cd3fb09d1519f8fe9f70b.pdf?_ga=2.36428322.387962743.1625066603-1507410178.1623242606 (última consulta a 01/07/2021).

Giuffrida, Fabio, "Cross-Border Crimes and the European Public Prosecutor's Office" in eucrim – The European Criminal Law Associations' Forum, 2017. Disponível: https://eucrim.eu/media/issue/pdf/eucrim_issue_2017-03.pdf (última consulta a 15/07/20221).

Herlin-Karnell, Ester, "The Establishment of a European Public Prosecutor's Office: Between 'Better Regulation' and Subsidiarity Concerns" in Shifting Perspectives on the European Public Prosecutor's Office, Coord. Willem Geelhoed, Leendert H. Erkelens, Arjen W.H. Meij, ed. Springer, 2018.

Hernandez, Diego; Rudolph, Alexandra, "Modern Day Slavery: What Drives Human Trafficking in Europe?", discussion paper from Courant Research Centre 'Poverty, Equity and Growth in Developing and Transition Countries: Statistical Methods and Empirical Analysis, Georg-August-Universität Göttingen, n.º 97, 2011. Disponível: http://www2.vwl.wiso.uni-goettingen.de/courant-papers/CRC-PEG_DP_97.pdf (última consulta a 01/07/2021).

Jelisavac Trošić, Sanja e Kostić, Jelena, "Establishing the European Public Prosecutor´s Office and Suppression of Criminal Offenses Against the EU Financial Interests" in EU and Comparative Law Issues and Challenges Series, 2019. Disponível: https://doi.org/10.25234/eclic/9026 (última consulta a 20-04-2021)

José De Sousa, Alfredo, "A Criminalidade Transnacional na União Europeia – Um Ministério Público Europeu?", ed. Almedina, Coimbra, junho de 2005.

L. Wade, Marianne, "A European public prosecutor: potential and pitfalls", in Crime Law Soc Change, ed. Springer, 14 de março de 2013. Disponível: https://link.springer.com/article/10.1007/s10611-012-9406-x (última consulta a 19-04-2021).

L.h. Erkelens et. al. "The European Public Prosecutor's Office – An Extended Arm or a Two-Headed Dragon?", Haia, Ed. Springer, 2015.

Levi, Michael, "The impacts of organised crime in the EU: some preliminary thoughts on measurement difficulties", in Contemporary Social Science, vol. 11, 2016. Disponível: https://www.semanticscholar.org/paper/The-impacts-of-organised-crime-in-the-EU%3A-some-on-Levi/0b81556cdddb6bd7ecffece5ecf1785e22b09f7b (última consulta a 14/07/2021).

Ligeti, Katalin e Simonato, Michele, "The European Public Prosecutor's Office: Towards a Truly European Prosecution Service?", in New Journal of European Criminal Law, Vol. 4, ed. Intersentia, 2013.

Livro Verde sobre a proteção penal dos interesses financeiros comunitários e a criação de um Procurador Europeu [COM(2001)] 715 final. Disponível: https://eur-lex.europa.eu/legal-content/PT/TXT/HTML/?uri=CELEX:52003DC0317&from=EN (última consulta a 18-04-2021).

Luchtman, Michiel, "Forum Choice and Judicial Review Under the EPPO's Legislative Framework" in Shifting Perspectives on the European Public Prosecutor's Office, Coord. Willem Geelhoed, Leendert H. Erkelens, Arjen W.H. Meij, ed. Springer, 2018.

Luyten, Katrien; Voronova Sofija, European Parliamentary Research Service, "Understanding the EU response to organised crime", in EU policies – Insights, 2020. Disponível: https://www.europarl.europa.eu/RegData/etudes/BRIE/2020/652043/EPRS_BRI(2020)652043_EN.pdf (última consulta a 14/07/2021).

Macedo da Cruz, Nelson, "A Hegemonia do Crime Organizado Transnacional na União Europeia", Ericeira, ed. Diário de Bordo, fevereiro de 2020.

Maesa, Costanza Di Francesco, "Repercussions of the Establishment of the EPPO via Enhanced Cooperation – EPPO's Added Value and the Possibility to Extend Its Competence" in eucrim – The European Criminal Law Associations' Forum, 2017. Disponível: https://eucrim.eu/media/issue/pdf/eucrim_issue_2017-03.pdf (última consulta a 15/07/20221).

Nato, Alessandro, "The European Public Prosecutor's Office between counter-terrorism and strengthening of the European citizens' safety", in Civitas Europa, n.º 37, ed. IRENEE, 2016. Disponível: https://www.cairn.info/revue-civitas-europa-2016-2-page-317.htm (última consulta a 15/07/2021).

Novokmet, Ante, "The European public prosecutor's office and the judicial review of criminal prosecution", in New Journal of European Criminal Law, vol. 8(3), 374-402, ed. Sage, 2017.

Olasunkami, Abidoye Rasheed; John, Emaimo Alice, "The Impact of International Migration on Security: Terrorism and Refugee in Perspective", in International Journal of Science and Research, vol. 7, n.º 3, 2018. Disponível: https://www.ijsr.net/archive/v7i3/ART2018558.pdf (última consulta a 22/06/2021).

Rafaraci, Tommaso, "Brief Notes on the European Public Prosecutor's Office: Ideas, Project and Fulfilment", in EU Criminal Justice, Fundamental Rights, Transnational Proceedings and the European Public Prosecutor's Office, ed. Springer, Catânia, 2018.

Recomendação do Parlamento Europeu sobre o papel da União na lua contra o terrorismo (2001/2016(INI)), de 5 de setembro de 2001. Disponível: https://www.europarl.europa.eu/sides/getDoc.do?pubRef=//EP//TEXT+TA+P5-TA-2001 0421+0+DOC+XML+V0//PT (última consulta a 29/06/2021).

Santos, Margarida, "A Procuradoria Europeia, a Democracia Económica e a Ação Penal contra as Infrações Lesivas dos Interesses Financeiros da União", in Democracia Económica e Responsabilidade Social nas Sociedades Tecnológicas, ed. Escola de Direito da Universidade do Minho.

Santos, Margarida, Para um (novo) modelo de intervenção penal na União Europeia: uma reflexão a partir do princípio da legalidade como limite material de atuação da Procuradoria Europeia, ed. Rei dos Livros, 2016.

Santos, Margarida. "A implementação da Procuradoria Europeia – a emergência de um modelo de intervenção penal entre a cooperação e a integração penal?" in Revista Brasileira de Direito Processual Penal, vol. 5, n. 2, Porto Alegre, maio-agosto 2019. Disponível: https://doi.org/10.22197/rbdpp.v5i2.240 (última consulta a 20-05-2021).

Santos, Margarida. "Procuradoria Europeia" in Enciclopédia da União Europeia, Coordenação Ana Paula Brandão, Francisco Ferreira Coutinho et al., ed. Petrony, Braga, 2017.

Sicurella, Rosaria, "A Blunt Weapon for the EPPO? Taking the Edge Off the Proposed PIF Directive", in Shifting Perspectives on the European Public Prosecutor's Office, coord. Willem Geelhoed, Leendert H. Erkelens, Arjen W.H. Meij, ed. Springer, 2018.

Sousa Galito, Maria, "Terrorismo na União Europeia", Working Paper CEsA CSG 177/2019, como o apoio da Fundação para a Ciência e a Tecnologia.

Sousa, Alfredo José de, "A Criminalidade Transnacional na União Europeia – Um Ministério Público Europeu?", ed. Almedina, 2005.

Study requested by the European Parliament's Committee on Budgetary Control, "The European Public Prosecutor's Office: strategies for coping with complexity", Policy Department D for Budgetary Affairs – Directorate General for Internal Policies of the Union, PE 621.806, May 2019. Disponível: https://www.europarl.europa.eu/RegData/etudes/STUD/2019/621806/IPOL_STU(2019)621806_EN.pdf (última consulta a 04/05/2021).

Stuurman, Ziyanda, "Terrorism as Controversy: The Shifting Definition of Terrorism in State Politics", 2019. Disponível: https://www.e-ir.info/2019/09/24/terrorism-as-controversy-the-shifting-definition-of-terrorism-in-state-politics/ (última consulta a 09/06/2021).

The Globalization of Crime – A Transnational Organized Crime Threat Assessment, in United Nations Office on Drugs and Crime, 2010. Disponível: https://www.unodc.org/documents/data-and-analysis/tocta/TOCTA_Report_2010_low_res.pdf?bcsi_scan_E6B5D3DA0AAC65B7=0&bcsi_scan_filename=TOCTA_Report_2010_low_res.pdf (última consulta a 02/07/2021).

Triunfante, Luís Lemos, "O controlo judiciário dos atos processuais e decisões da Procuradoria Europeia. Uma arquitetura disruptiva e resiliente?", in Os Novos Desafios da Cooperação Judiciária e Policial da União Europeia e da Implementação da Procuradoria Europeia, Coord. Margarida Santos, Mário Ferreira Monte e Fernando Conde Monteiro, Centro Interdisciplinar em Direitos Humanos da Escola de Direito da Universidade do Minho, 2017.

Vervaele, A.e John, "The Material Scope of Competence of the European Public Prosecutor's Office: A Harmonised National Patchwork" in European Criminal Justice in the Post-Lisbon Area of Freedom, Security and Justice, Università degli Studi di Trento, 2014.

Vervaele, A.E. John, "The material scope of competence of the European Public Prosecutor's Office: Lex uncerta and unpraevia?", in ERA Forum, ed. Springer, 2014. Disponível: https://link.springer.com/article/10.1007/s12027-014-0338-z (última consulta a 03/06/2021).

Vervaele, John A.E., "The European Public Prosecutor's Office (EPPO): Introductory Remarks", in Shifting Perspectives on the European Public Prosecutor's Office, Haia, ed. Springer, 2018.

Weyembergh, Anne; Brière Chloé, "The future cooperation between OLAF and the European Public Prosecutor's Office", in New Journal of European Criminal Law, Vol. 9, ed. Sage, 2018.

Jurisprudência

Acórdão do Tribunal de Justiça, de 5 de dezembro de 2017, pedido de decisão prejudicial da Corte costituzionale, Itália, processo penal contra M.A.S., M.B., Processo C-42/17, JO – 52/12, de 12 de fevereiro de 2018. Disponível: https://eur-lex.europa.eu/legal-content/pt/TXT/PDF/?uri=uriserv%3AOJ.C_.2018.052.01.0012.01.POR (última consulta a 04/06/2021).

Relatórios

10th General Report on Greta's Activities covering the period from 1 January to 31 December 2020. Disponível: https://rm.coe.int/10th-general-report-greta-activities-en/1680a21620 (última consulta a 05/07/2021).

EU SOCTA 2021. Disponível: https://www.europol.europa.eu/activities-services/main-reports/european-union-serious-and-organised-crime-threat-assessment (última consulta a 07/07/2021).

Eurojust Report on Drug trafficking – Experiences and challenges in judicial cooperation, abril 2021. Disponível: https://www.eurojust.europa.eu/sites/default/files/Documents/pdf/2021_04_15_drug_trafficking_casework_report.pdf (última consulta a 12/07/2021).

European Union Terrorism Situation and Trend report, 2020, Europol. Disponível: https://www.europol.europa.eu/activities-services/main-reports/european-union-terrorism-situation-and-trend-report-te-sat-2020 (última consulta a 23/06/2021).

Follow-up Report on the Green Paper on the criminal-law protection of the financial interests of the Community and the establishment of a European Prosecutor, [COM(2003)], 19 March 2003. Disponível: https://ec.europa.eu/anti-fraud/sites/default/files/docs/body/follow_up_en.pdf (última consulta a 18-04-2021)

FRONTEX, "Risk Analysis for 2020", março de 2020. Disponível: https://frontex.europa.eu/publications/frontex-releases-risk-analysis-for-2020--vp0TZ7 (última consulta a 12/07/2021).

Relatório anual do OLAF de 2013. Disponível: https://ec.europa.eu/anti-fraud/sites/default/files/docs/body/olaf_report_2013_fr.pdf (última consulta a 01/06/2021).

Relatório da Comissão ao Parlamento Europeu e ao Conselho, terceiro relatório sobre os progressos alcançados na luta contra o tráfico de seres humanos, adotado em 20 de outubro de 2020. Disponível: https://eur-lex.europa.eu/legal-content/PT/TXT/HTML/?uri=CELEX:52020DC0661&from=EN (última consulta a 02/07/2021).

Report from the Commission to the European Parliament and the Council on the progress made in the fight against trafficking in human beings, 19/05/2016. Disponível: https://ec.europa.eu/home-affairs/sites/default/files/what-we-do/policies/organized-crime-and-human-trafficking/trafficking-in-human-beings/docs/commission_report_on_the_progress_made_in_the_fight_against_trafficking_in_human_beings_2016_en.pdf (última consulta a 02/06/2021).

Artigos de Jornal

Artigo do Diário de Notícias. Disponível: https://www.dn.pt/mundo/terror--regressa-com-ataques-em-berlim-ancara-e-zurique-5561890.html (última consulta a 25/06/2021).

Artigo do Diário de Notícias. Disponível: https://www.dn.pt/mundo/um-ano--depois-mercado-de-natal-alemao-volta-a-ser-alvo-8958502.html (última consulta a 25/06/2021).

Artigo do jornal BBC News. Disponível: https://www.bbc.com/news/world--europe-11183574 (última consulta a 17/06/2021).

Artigo do jornal Diário de Notícias. Disponível: https://www.dn.pt/mundo/charlie-hebdo-ha-cinco-anos-o-ataque-anunciava-um-ano-de-terror-em--franca-11678351.html (última consulta a 24/06/2021).

Artigo do jornal Diário de Notícias. Disponível: https://www.dn.pt/mundo/london-bridge-cortada-devido-a-incidente-com-tiros--11567213.html (última consulta a 30/06/2021).

Artigo do jornal El País. Disponível: https://elpais.com/elpais/2018/08/07/eps/1533650204_941291.html (última consulta a 30/06/2021).

Artigo do jornal Globo1. Disponível: http://g1.globo.com/mundo/noticia/2016/03/aeroporto-de-bruxela-na-belgica-registra-explosoes.html (última consulta a 24/06/2021).

Artigo do jornal Observador, 12 de março de 2021. Disponível: https://observador.pt/2021/03/12/presidencia-da-uniao-europeia-bruxelas-e-lisboa-sublinham-urgencia-no-estabelecimento-da-procuradoria-europeia/ (última consulta a 31-05-2021).

Artigo do jornal Observador, 29 de janeiro de 2021. Disponível: https://observador.pt/2021/01/29/presidencia-da-ue-atraso-na-escolha-de-procuradores-delegados-pode-adiar-inicio-da-procuradoria-europeia/ (última consulta a 31-05-2021).

Artigo do jornal Observador. Disponível: https://observador.pt/2015/11/19/captagon-droga-dos-jihadistas/ (última consulta a 12/07/2021).

Artigo do jornal Observador. Disponível: https://observador.pt/2018/05/02/eta-anuncia-o-seu-fim-60-anos-depois/ (última consulta a 17/06/2021).

Artigo do jornal Observador. Disponível: https://observador.pt/2016/11/09/autores-dos-atentados-de-paris-e-bruxelas-receberam-ordens-da-lideranca-do-estado-islamico/ (última consulta a 24/06/2021).

Artigo do jornal Observador. Disponível: https://observador.pt/2015/11/14/atentados-paris-resumo-do-ja-sabemos/ (última consulta a 24/06/2021).

Artigo do jornal Observador. Disponível: https://observador.pt/2021/06/01/procuradoria-europeia-entra-esta-terca-feira-em-funcionamento/ (última consulta 09/06/2021).

Artigo do jornal Observador. https://observador.pt/2016/11/09/autores-dos-atentados-de-paris-e-bruxelas-receberam-ordens-da-lideranca-do-estado-islamico/ (última consulta a 24/06/2021).

Artigo do jornal Público. Disponível: https://www.publico.pt/2018/06/07/mundo/noticia/condenado-a-prisao-perpetua-autor-do-ataque-terrorista-com-camiao-em-estocolmo-1833570 (última consulta 30/06/2021).

Artigo do jornal Reuters. Disponível: https://www.reuters.com/world/europe/cross-border-drug-trafficking-cases-nearly-doubled-four-years-eu-agency-2021-04-19/ (última consulta a 14/07/2021).

Artigo do jornal Sky News. Disponível: https://news.sky.com/story/how-the-london-bridge-terror-attack-unfolded-11874155 (última consulta a 30/06/2021).

Entrevista do jornal Público ao Procurador Europeu José Guerra. Disponível: https://www.publico.pt/2021/06/01/sociedade/entrevista/procurador-europeu-jose-guerra-nao-demitir-factos-nao-imputaveis-1964817 (última consulta a 01-06-2021).

Páginas Web

Página web https://www.consilium.europa.eu/pt/policies/eu-fight-against-crime/ (última consulta a 30/06/2021).

Página web: https://ec.europa.eu/anti-trafficking/citizens-corner/trafficking-explained (última consulta a 05/07/2021).

Página web: https://ec.europa.eu/anti-trafficking/eu-policy/first-report-progress-made-fight-against-trafficking-human-beings-2016_en (última consulta a 30/06/2021).

Página web: https://ec.europa.eu/home-affairs/what-we-do/policies/organized-crime-and-human-trafficking/drug-control_en (última consulta a 14/07/2021).

Página web: https://www.emcdda.europa.eu/topics/nps_en (última consulta a 12/07/2021).

Página web: https://www.eurojust.europa.eu/ (última consulta a 24/05/2021).

Página web: https://www.europol.europa.eu/about-europol/european-counter-terrorism-centre-ectc (última consulta a 30/06/2019).

Página web: https://www.europol.europa.eu/partners-agreements/eu-most-wanted (última consulta a 28/05/2021).

Página web: https://ec.europa.eu/anti-fraud/ (última consulta a 27/05/2021).

Página web: https://ec.europa.eu/anti-trafficking/eu-anti-trafficking-coordinator_en (última consulta a 05/07/2021).

Página web: https://ec.europa.eu/home-affairs/what-we-do/policies/organized-crime-and-human-trafficking/trafficking-in-human-beings_en (última consulta a 30/06/2021).

Página web: https://frontex.europa.eu/pt/ (última consulta a 14/07/2021).

Página web: https://justica.gov.pt/Procuradoria-Europeia (última consulta a 13-05-2021).

Página web: https://search.coe.int/directorate_of_communications/Pages/result_details.aspx?ObjectId=0900001680a21655 (última consulta a 05/07/2021).

Página web: https://www.consilium.europa.eu/pt/policies/eppo/ (última consulta a 03-05-2021).

Página web: https://www.eppo.europa.eu/ (última consulta a 27-04-2021).

Página web: https://www.europarl.europa.eu/at-your-service/pt/stay-informed/research-and-analysis (última consulta a 15/07/2021).

Página web: https://www.europarl.europa.eu/committees/pt/archives/7/crim/home/presentation-competencies (última consulta a 14/07/2021).

Página web: https://www.europol.europa.eu/about-europol/european-counter-terrorism-centre-ectc (última consulta a 30/06/2021).

Página web: https://www.europol.europa.eu/crime-areas-and-trends/crime-areas/trafficking-in-human-beings (última consulta a 30/06/2021).

Página web: https://www.europol.europa.eu/crime-areas-and-trends/crime-areas/drug-trafficking (última consulta a 06/07/2021).

Página web: https://www.history.com/topics/21st-century/9-11-attacks (última consulta 24/06/2021).

Página web: https://www.policiajudiciaria.pt/relatorio-de-avaliacao-da-ameaca-do-crime-grave-e-organizado-na-ue-socta-2021/ (última consulta a 14/07/2021).

Página web: https://www.portugal2020.pt/content/laura-kovesi-sera-primeira-procuradora-geral-europeia (última consulta a 04-05-2021).

Página web: https://www.portugal2020.pt/content/procuradoria-europeia-ja-tem-3-mil-processos-para-investigar (última consulta a 01-05-2021).

Página web: https://www.portugal2020.pt/content/procuradoria-europeia-ja-tem-3-mil-processos-para-investigar (última consulta a 28-04-2021).

Instrumentos Legislativos

Carta dos Direitos Fundamentais da União Europeia, JO – C 202/389, de 7 de junho de 2016.

Convenção das Nações Unidas contra o Crime Organizado Transnacional, Palermo, 2000. Disponível: https://ec.europa.eu/anti-trafficking/sites/default/files/united_nations_convention_organised_crime_en_1.pdf (última consulta 14/07/2021).

Convenção do Conselho da Europa Relativa à Luta contra o Tráfico de Seres Humanos, de 16 de maio de 2005, DR, 1.ª série – N.º 19, 14 de janeiro de 2008. Disponível: https://dre.pt/application/file/a/386697 (última consulta a 05/07/20219.

Corpus Iuris, Florença, 2000. Disponível: https://ec.europa.eu/anti-fraud/sites/default/files/docs/body/corpus_juris_en.pdf (última consulta a 18-04-2021).

Decisão do Conselho, de 28 de fevereiro de 2002 relativa à criação da Eurojust a fim de reforçar a luta contra as formas graves de criminalidade, JO – L 63/1, 6 de março de 2002. Disponível: https://eur-lex.europa.eu/legal-content/PT/TXT/PDF/?uri=CELEX:32002D0187&from=PT (última consulta 24/05/2021):

Decisão-quadro do Conselho, de 13 de junho de 2002, relativa ao mandado de detenção europeu e aos processos de entrega entre os Estados-Membros, 2002/584/JAI, JO – L 190, 18 de junho de.2002. Disponível: https://eur-lex.europa.eu/legal-content/PT/TXT/PDF/?uri=CELEX:02002F0584-20090328&from=PT (última consulta a 28/06/2021).

Decisão-Quadro do Conselho, relativa à luta contra o terrorismo, de 13 de junho de 2002, JO – L 164/3, de 22 de junho de 2002. Disponível: https://eur-lex.europa.eu/legal-content/PT/TXT/PDF/?uri=CELEX:32002F0475&from=EN (última consulta a 29/06/2021).

Diretiva (UE) 2016/681, do Parlamento Europeu e do Conselho, relativa à utilização dos dados dos registos de identificação dos passageiros (PNR) para efeitos de prevenção, deteção, investigação e repressão das infrações terroristas e da criminalidade grave, de 27 de abril de 2016, JO – L 119/132, 4 de maio de 2016. Disponível: https://eur-lex.europa.eu/legal-content/PT/TXT/PDF/?uri=CELEX:32016L0681&from=EN (última consulta a 30/06/20021).

Diretiva (UE) 2017/1371 do Parlamento Europeu e do Conselho, de 5 de julho de 2017, relativa à luta contra a fraude lesiva dos interesses financeiros da União através do direito penal, JO – L 198/29, 27 de julho de 2017.

Diretiva (UE) 2017/541 do Parlamento Europeu e do Conselho, de 15 de março de 2017, relativa à luta contra o terrorismo, JO – L 88/6, de 31 de março de 2017. Disponível: https://eur-lex.europa.eu/legal-content/PT/TXT/PDF/?uri=CELEX:32017L0541&from=ES (última consulta a 30/06/2021).

Diretiva 2011/36 UE do Parlamento Europeu e do Conselho, relativa à prevenção e luta contra o tráfico de seres humanos e à proteção das vítimas, de 5 de abril de 2011, JO – L 101/1, 15 de abril de 2011. Disponível: https://eur-lex.europa.eu/legal-content/PT/TXT/PDF/?uri=CELEX:32011L0036&from=EN (última consulta a 02/07/2021).

Diretiva 2012/29/UE do Parlamento Europeu e do Conselho, de 25 de outubro de 2012, que estabelece normas mínimas relativas aos direitos, ao apoio e à proteção das vítimas da criminalidade, JO – L 315/57, 14 de novembro de 2012. Disponível: https://eur-lex.europa.eu/legal-content/PT/TXT/PDF/?uri=CELEX:32012L0029&from=PT (última consulta a 14/07/2021).

Proposal for a Council Framework Decision on combating terrorism, JO – C 332 E/300, 27/11/2001. Disponível: https://eur-lex.europa.eu/LexUriServ/LexUriServ.do?uri=OJ:C:2001:332E:0300:0304:EN:PDF (última consulta a 29/06/2021).

Proposta de Regulamento do Conselho que institui a Procuradoria Europeia, COM (2013) 534 final, Bruxelas, 17/07/2013. Disponível: https://eur-lex.europa.eu/legal-content/PT/TXT/PDF/?uri=CELEX:52013PC0534&from=pt (última consulta a 01/06/2021).

Regulamento (UE) 2016/1686 do Conselho, que impõe medidas restritivas adicionais dirigidas ao EIIL (Daexe) e à Alcaida e a pessoas singulares e coletivas, entidades ou organismos a elas associados de 20 de setembro de 2016, JO – L 255/1, 21 de setembro de 2016. Disponível: https://eur-lex.europa.eu/legal-content/PT/TXT/PDF/?uri=CELEX:32016R1686&from=EN (última consulta a 30/06/2021).

Regulamento (UE) 2017/1939 do Conselho, 12 de outubro de 2017, que dá execução a uma cooperação reforçada para a instituição da Procuradoria Europeia, JO – L 283/1, 30 de outubro de 2017.

Regulamento 2016/794 do Parlamento Europeu e do Conselho, de 11 de maio de 2016, que cria a Agência da União Europeia para a Cooperação Policial (Europol) e que substitui e revoga as Decisões 2009/371/JAI, 2009/934/JAI, 2009/935/JAI, 2009/936/JAI e 2009/968/JAI do Conselho, JO – L 1335/53, 24 de maio de 2016.

Regulamento n.º 883/2013 do Parlamento Europeu e do Conselho, de 11 de setembro de 2013, relativo aos inquéritos efetuados pelo Organismo Europeu de Luta Antifraude (OLAF), JO, L – 248/1, 18 de setembro de 2013.

ÍNDICE